任康磊——著

每一次說「不」，
都是勇敢的練習

反PUA生存指南

推薦文

你可以「回嘴」！

鍾穎／心理學作家、愛智者書寫版主

讓我們先幫PUA（Pick-up Artist）下個定義：它指的是透過操弄和話術來「設計」他人的情緒，進而使自己得利的行為。

根據我的觀察，PUA大概會以這四種方式呈現：

- 受害賣慘
- 打擊信心
- 販售焦慮
- 捧高踩低

PUA影響的範圍包含了所有人際關係的領域，我們可以簡單地把它稱為「江湖」。有人的地方就有江湖，PUA就是人際江湖的各種殺招與心機。中招的人不見得會死，但會變

3　推薦文　你可以「回嘴」！

得退縮與封閉。小時候媽媽告訴你做人要善良，被PUA以後你才發現，原來很多人沒有媽媽。不僅是PUA你的人沒有，那些知道你入坑之後笑你傻、作壁上觀，或者跟著踩你一腳的人也同樣沒有。

有些雞湯書的作者會把這些受傷的經驗視為「長大」，告訴你世間不可盡信。其實不然，那更接近一種創傷後壓力症候群（簡稱PTSD），對我們的心理健康與適應都有很大的影響。

PUA影響最大的是人的「自我敘事」，它會讓人扭曲自我，造成故事的不一致。原先以為的自己被操控者摧毀了，在邊界感被削弱的同時，他人的批評與「建議」更容易傷害我們的自我認同，造成惡性循環。我們不僅會因為反覆的自我懷疑而變得憂鬱，也會質疑別人的善意，難以區分正常與異常的人際行為，更擔心自己再度被操弄。我們可能會開始戴著口罩上班、放大別人的一言一行、覺得自己被監視，或成為別人暗中討論的對象。

有人在感情裡被PUA後無法再開展下一段親密關係，有人在學校被PUA後不敢再去上學，有人在職場被PUA後對自己的能力失去了信心，有人在家庭裡被PUA後內耗終身。操控者通常善於精微隱密地將它包裝成管教或領導風格的一部分，更有甚者，他們會躲在性別或社會議題的保護傘下，偽裝成受害者或先行者，從而獲取更多關注。例如：「無辜」的銷售者、充滿「愛心」的志工、關懷弱勢、平權先鋒、懵懂無知的天真少男少女等等。

他們善用各種「人設」玩兩面手法，但實際接觸後才發現他們別有用心。或者說，他們一直在用對「人格面具」(persona)的過度認同來使自己毋須面對個人的陰影(shadow)。出於種種原因，他們不尊重別人的自主性，也不覺得有必要尊重。他們的底層邏輯是：「別人就該跟我想得一樣，照我的價值觀去行動。」假如別人不這麼做，我就有權力藉由威逼利誘來改變他們。

周遭的人很清楚他們的「雙標」、不一致，但他們對此卻安之若素。

正如作者所說，他們追求的是「我好，你不好。」在我的經驗裡，這類人不會允許你對事件有不同的詮釋，並且樂於用各種手段孤立和打壓異己。

這是一本教你反制人性黑暗的技巧書，除了維護界線、建立自尊的基本功外，還要教你怎麼「回嘴」，怎麼讓他們自曝其短。

這世界還是善良的人居多，遺憾的是，善良不足以自保，而且善良的人通常習慣明哲保身，沒辦法給你直接的幫助。

鼓勵未曾受害的人讀這本書，了解一下前人踩過的坑；也鼓勵受害過的人讀這本書，知道要怎麼應對操控者的權謀。

人心險惡，這本書可以讓你笑傲江湖。

推薦短文

如果此刻的你感覺越來越沒有自信,甚至開始懷疑起自己所做出的任何決定,這可能不是你的問題,而是不知不覺中被其他人PUA了⋯⋯

從家庭、愛情到職場,PUA的手法無孔不入,讓人不知不覺陷入自我懷疑的深淵。這本書將帶領你我勇敢對不合理說「不」,一起學會如何識破套路、擺脫控制,重新拿回自己生命的主導權。

只要好好練習在五種場合、十四類人際關係中有意識的覺察,從調整四種應對態度開始,再善用六大反制方式建立起屬於自己的安全界線,相信你一定能夠親手打造出充滿自信的嶄新未來。

活出熱情人生的第一步,就從反PUA開始!

——**Vito 大叔**／熱情人生學院執行長、人氣Podcaster、圖文作家

在這個人際互動變得複雜且高壓的時代，我們需要一本實用的心理書，來幫助自己辨識那些披著善意外衣的操控話語。

這本書不是對抗手冊，也不是喊口號式的情緒宣洩，而是一步步拆解語言背後的心理結構，讓我們重新理解什麼是隱性壓迫、什麼是越界的關心。

作者以深厚的心理學視角與豐富的生活實例，引導我們看見：心理操控不只是出現在戀愛中，它其實無所不在。從辦公室到家庭飯桌，從師生對話到社交平台，語言裡的控制與操縱，有時並不尖銳，卻足以讓人懷疑自己、壓抑需求、默默讓渡界線。

我們需要從「感覺哪裡怪怪的」走向「知道怎麼應對」。

這本書先讓我們看清話術如何運作，陪我們練習設立邊界，並且提醒我們：說「不」不代表自己不好、不夠體貼，而是我們開始把自己放回生命的中心。

這是一本送給每個曾在關係中感到不安，卻無法說出原因的人的書。它讓我們明白，拒絕不是傷人，而是自我照顧；識破操控，不是為了懷疑所有人，而是讓我們更有能力感受真正的善意。

願這本書成為你在人際世界裡的一盞清明之燈，照見不該繼續妥協的地方，也照見，你值得更尊重的對待。

——**田定豐**／英國TQUK心理諮詢師、聲波療癒師

每次在上課時，我聽到最多的問題，往往都是：我無法拒絕他人。

然而，這不是技巧問題，是大家都知道要拒絕，但每次要開口時，害怕他人失望，便又說了「好」。

明明已經筋疲力盡，卻還是幫同事做了那份根本不屬於你的工作。明明不想參加的飯局，卻還是硬著頭皮笑著赴約。明明心裡大聲說著不想，卻還是點頭答應了那個「就這一次」的要求。

這些看似微不足道的讓步，其實一點一點地削弱我們對自己的信任。就像PUA這個詞，本來講的是搭訕藝術家，卻慢慢地變成了榨取甚至控制對方的武器。

而《反PUA生存指南》這本書最棒的，是除了辨識PUA外，還豐富了我們對自己的思考。

例如，什麼是你不願意妥協的信念？什麼讓你感到被消耗、被控制？你曾經在哪些時候感覺被逼著接受？當思考過這些信念後，你能夠用自己的語言說出：我的底線在這裡，請尊重我。

我們不是要變得冷酷無情，也不是要把自己的溫柔收起。而是要知道自己的底線，看懂那些來索取和傷害我們的人。

邀請你一起翻開這本書，一起找回人生的選擇權。

——**張忘形**／溝通表達培訓師

本書提要

　　這本書為你解析PUA（Pick-up Artist）是什麼、拆解PUA的常見模式，並提供應對方法，可以幫助你全面預防和反制PUA，讓你走出心理操縱的陰霾，擁有獨立自主的人生。

　　書中共分為七個部分。第一部帶領讀者理解PUA的本質；第二部提出應對PUA的通用方法；第三到七部則分別介紹了職場、感情關係、家庭生活、校園和社交場合中可能遭遇PUA的常見情境、典型話術和回話策略，讓你能夠理智判斷，聰明反擊，活出清醒人生。

　　本書適合深陷PUA困境，或有可能被PUA的人閱讀。

目錄

推薦文 你可以「回嘴」！／鐘穎 3

短文推薦 Vito 大叔、田定豐、張忘形 6

本書提要 9

序　章　走出別人為你設計好的情緒，掌控屬於自己的生活 18

第1部　理解PUA的本質

第1章　單方榨取——PUA不是說服技巧 26

第2章　精神控制——侵蝕權益與漠視感受 33

第3章　深遠毒害——心靈侵犯與情感傷害 36

第2部 應對PUA

第4章 人間清醒——反PUA的四大通用方法

設定邊界法：明確界線，抵禦操控
自我意識法：監測情緒，自主決策
共同決策法：藉助外力，降低風險
隔絕遠離法：拒絕來往，保持距離

第5章 強力反擊——反PUA的六種常見說話技巧

反問定義法：找回談話的主動地位
追究原因法：揭露對方的潛在動機
照單全收法：以退為進，淡定應對
撤清關係法：獨立思考，劃清界線
延伸推演法：藉邏輯漏洞轉守為攻
反向PUA法：用對方的策略打敗對方

第 3 部 反職場PUA

第 6 章 修復創傷——走出PUA操控陰影 …… 93

重建自尊：恢復自我價值感 …… 93

健康邊界：用拒絕制止干擾 …… 98

支持系統：重建社交自信心 …… 101

第 7 章 上司對下屬 …… 108

捍衛休息權益：反「以各種形式要求加班」…… 108

保障公正評價：反「沒功勞卻為失敗背鍋」…… 113

應對職涯威脅：反「暗示不努力會被取代」…… 117

拒絕發展誘餌：反「開空頭支票和畫大餅」…… 122

找回職業尊嚴：反「莫名其妙被貶低責怪」…… 126

守住自身專業：反「外行對內行品頭論足」…… 129

第 8 章 同事之間 …… 134

第4部 反情感PUA

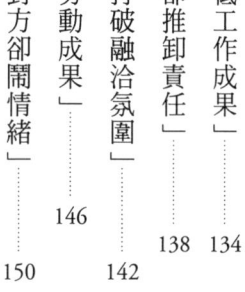

第9章 下屬對上司 156

駁斥冷嘲熱諷：反「被同事貶低工作成果」 134

回應逃避擔責：反「同事協作卻推卸責任」 138

應對挑撥離間：反「製造矛盾打破融洽氛圍」 142

回擊搶功邀功：反「坐享你的勞動成果」 146

回絕心安理得：反「合理拒絕對方卻鬧情緒」 150

拒絕過度讚美：反「用拍馬屁向上推責」 156

駁回只說不做：反「只動嘴卻不做事」 160

否定推三阻四：反「假借感情逃避工作」 165

第10章 試探關係 172

做到獨立思考：反「過分褒獎和甜言蜜語」 172

打破溫柔枷鎖：反「過度付出和過度關懷」 176

第5部 反家庭PUA

第11章 戀愛關係 …… 184

保持頭腦清醒：反「美好願景與夢幻承諾」 …… 180

安置恐懼不安：反「突如其來的負面情緒」 …… 184

維繫健康社交：反「逐漸讓你疏遠周遭朋友」 …… 188

維護獨立人格：反「任何事都與對方綁定」 …… 193

第12章 婚姻關係 …… 197

掌控自主權：反「無視個人夢想和需求」 …… 197

重新找回自我：反「自尊被持續貶低否定」 …… 201

抵禦自責愧疚：反「所有過失都歸咎於你」 …… 204

第13章 婆媳關係 …… 210

回擊老王賣瓜：反「能與我的兒女結婚，是你的福氣」 …… 210

第6部 反校園PUA

第14章 親子關係 ... 221

批判封建禮教:反「媳婦就該三從四德，女婿就該賺錢養家」... 214

駁倒過分干涉:反「長輩干涉晚輩生活」... 217

突破專橫霸道:反「過度控制你的決策」... 221

衝破打壓否定:反「拿你與別的孩子比」... 221

識破悲情威脅:反「賣慘示弱與道德綁架」... 225

第15章 親屬關係 ... 232

掌控人生規劃:反「三姑六婆催婚」... 228

堅定個人追求:反「對職涯品頭論足」... 232

保護價值導向:反「給生活亂提建議」... 236

第16章 同學之間 ... 246

... 240

第 7 部 反社交PUA

第 17 章 師生之間 —— 259

立即出言警示：反「語言暴力傷害自尊」 246

實現友善自信：反「搞小團體共同排擠」 249

鼓起勇氣拒絕：反「被欺壓逼迫占便宜」 252

活出我的精彩：反「嫉妒導致冷言冷語」 255

把握學習節奏：反「被老師苛刻要求」 259

增強自信心：反「被老師全盤否定」 263

保護知識產出：反「被老師竊取成果」 266

第 18 章 日常生活 —— 272

拒絕指手畫腳：反「別人教你如何做好父母」 272

守護財產邊界：反「別人聲稱救急找你借錢」 276

第19章 社交場合 282

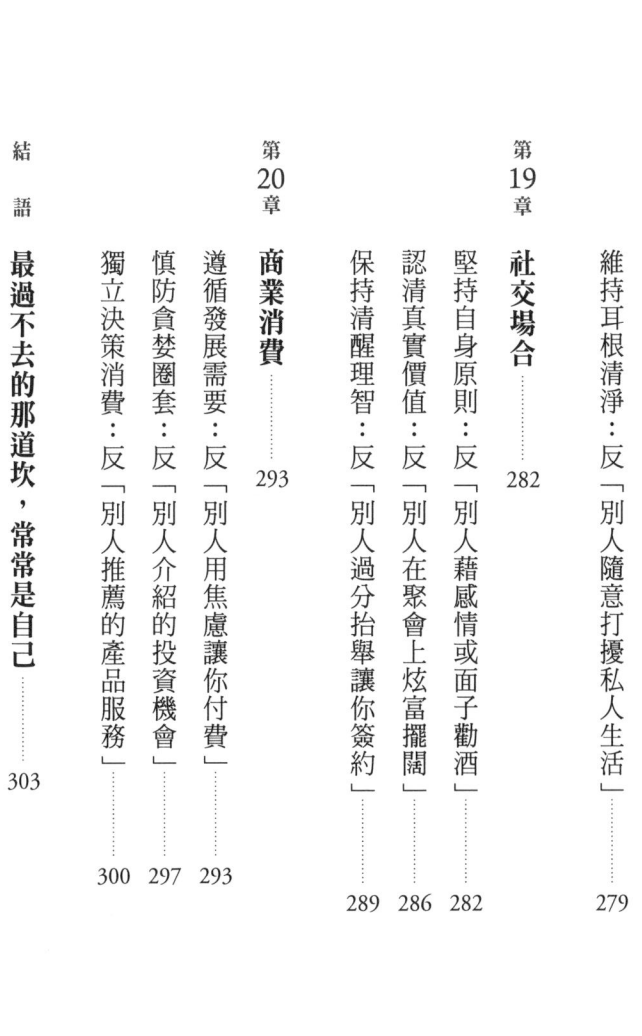

維持耳根清淨：反「別人隨意打擾私人生活」...... 279

堅持自身原則：反「別人藉感情或面子勸酒」...... 282

認清真實價值：反「別人在聚會上炫富擺闊」...... 286

保持清醒理智：反「別人過分抬舉讓你簽約」...... 289

第20章 商業消費 293

遵循發展需要：反「別人用焦慮讓你付費」...... 293

慎防貪婪圈套：反「別人介紹的投資機會」...... 297

獨立決策消費：反「別人推薦的產品服務」...... 300

結語 最過不去的那道坎，常常是自己 303

序章

走出別人爲你設計好的情緒，掌控屬於自己的生活

有些溫柔，來自你的強大。

你曾經以為自己是一匹千里馬，被伯樂賞識後可以在職場大展拳腳，現在卻發現自己就像一隻替罪羊，專門為同事收拾攤子、背黑鍋。

你每天要面帶微笑地加班，除了堆積如山的日常工作，還要處理突如其來的緊急狀況。就算你知道這些緊急工作是因為某人計畫不周而造成的，也還是要去完成。

你上班時，一方面要應付工作，另一方面還要擔心被取代、被要求改進、被辭退。你感到壓力很大，每天如履薄冰，生怕自己因一點小失誤就失去這份工作。

曾有人信誓旦旦地向你描繪努力工作後的美好藍圖，可是升遷加薪對你來說就像一根竹竿掛著吊在眼前的胡蘿蔔，看得見，卻怎麼跑都勾不到。

不知從何時開始，你彷彿永遠滿足不了工作要求，永遠達不到讓上司滿意的標準，無處

反PUA生存指南　18

不在的挑剔讓你覺得自己真像別人說的——有很大的進步空間。可是別人卻不告訴你該如何努力、怎麼提升。

你不需要背負任何人的情緒，善待自己就是善良

你原本以為能夠掌控自己的生活，然而，總有些讓你不便拒絕的人們設法插手你的選擇，從穿什麼衣服、決定吃什麼，到和誰談戀愛、結婚，再到如何育兒。

每當你試圖表達自己的想法、試圖活出自己，總有人站在道德制高點上，以情感為名、以「對你好」為理由來否定你。他們所謂的關心就像一張網，試圖捕捉你的自由，讓你難以呼吸。

你本以為能生活在歲月靜好中，讓心靈棲息在一方水土之間，讓思緒流淌在星辰大海，卻發現不知不覺中，你只能與日曆為伴，與鐘錶交談。

世界上有兩種人不懂如何對不合理說「不」

不懂得對不合理說「不」的人，一是內心善良，二是沒有長大。

你曾經以為的那些絢爛誓言正如煙花，璀璨綻放後就草草散盡。夜空歸於寂靜，留下的只是一地塵埃，誓言也不復存在，僅剩下一段受傷的回憶。

你曾經以為自己身處世外桃源，然而當虛幻的霧氣散去，蜃景消失，才發現自己其實站在一片荒蕪之中。

你曾經渴望愛與被愛，也曾經甘心犧牲自我，卻不想承認——自己不過是被別人利用的工具。

那些言不由衷的甜言蜜語，如同過期的糖。一開始甜甜蜜蜜，後來成了冷漠算計，最後只剩苦澀難耐、慘慘淒淒。

在感情較量中，你逐漸失去了自我，變得小心翼翼、患得患失。你開始懷疑自己，甚至開始懷疑人性。

你可能沒有想到，自己已經遭遇或正在遭受「PUA」。你也許覺得這種心理操控離自己很遠，是別人的故事中才會出現的概念。

PUA，是 Pick-up Artist（搭訕藝術家）的英文字首縮寫，最初出現在戀愛教戰領域，是一種旨在提高異性間吸引力的技巧和方法。

如今，PUA已經不是一種單純的戀愛技巧，其應用範圍更廣，已經滲透到了各種人際互動的情境中，成為一種透過各種手段操控別人心理和情緒的策略，目的是讓別人做出自己想看到的行為。

PUA很常見，每天都可能發生在你我身邊。當你的言談、行為和決策只是在滿足別人的期望，而非出於你原本的想法，或實際上並不有利於你的決定，那麼，你很可能是遇到了PUA。

PUA神不知鬼不覺地操控人的行為，破壞人的自主性，讓你在無意識的情況下，做出有悖於自身權益的決策。

你試圖對那些巧言令色說「不」，但發現自己的聲音微弱無力。你就像身處巨大的風暴面前，即使全力以赴，也難以逆流而上。

走出別人為你設計好的情緒，掌控屬於自己的生活

很遺憾，這世界上會有一些人利用人性的弱點，試圖控制你。但也很幸運，這世界上有應對PUA的方法。

有了矛，就會有盾。哪裡有危害，哪裡就會有應對和抵禦危害的方法。

你改變不了世界，改變不了那些想PUA你的人，你能改變的只有自己。

了你的腳步，能攔住你的只有自己。

你需要找到出路，學習辨別PUA，學會應對PUA，知道如何在各類情境下有效反制PUA，活出真實的自我，活成自己喜歡的樣子。

你的人生愈被動，你愈要學會堅強，你的堅強總會有一天反過來擁抱你。

了解了PUA的本質和運作方式，你就可以在任何形式的人際關係中保護自我意識，建立基於真誠和相互尊重的關係，既維護自己，也尊重對方的自主權。

這本書可以讓你變得堅韌，學會保護自己，學會在失去中找回自己的獨立人格、在傷害中尋求療癒。

勇敢的人懂得享受這個世界。你有權選擇任何生活方式，這本書能夠幫助你保持自在。當你再次起舞時，不再是為了那些華而不實的誓言，不再是為了那些諷刺威脅的道德綁架，而是為了你自己，以及為了那些願意與你並肩同行的真心人。過去的淚水，終將成為幸福的養分。

每個人都有權利被溫柔以待

最後，我要特別澄清一下關於這本書可能出現的誤讀。

我希望透過這本書能夠幫助那些被PUA卻不自知的人，以及那些處在PUA中卻無法自拔的人。我期望這本書能夠幫助人們預警、發現和應對PUA。

恨你的人會對你甜言蜜語，愛你的人也會對你甜言蜜語；恨你的人會罵你，愛你的人也會罵你。

反PUA生存指南　22

我特別不希望你看完這本書後，變得精神緊繃、草木皆兵，把善意的關懷、常規的期望和正常的要求全部看成ＰＵＡ。

我特別不希望這本書讓你覺得這個世界對你充滿惡意，好像身邊人都想利用或控制你，甚至彷彿周圍都是蓄謀已久要害你的人。

你可以學會防備，但也要嘗試打開心扉，嘗試感受真誠的關懷與溫暖。

雖然冷漠與欺騙存在，但你依然要堅信人間自有真情在。

第 *1* 部

理解 PUA 的本質

　　PUA，是 Pick-up Artist（搭訕藝術家）的英文字首縮寫，原指戀愛技巧，現指透過各種手段操控他人心理和情緒的策略，目的是讓他人做出自己想看到的行為。

　　PUA 的成功，有賴於實施者對人性的洞察和對心理的把握，尤其是對人的情感需求、安全感尋求、社會認同、恐懼和欲望等方面的利用。這些行為往往主要對實施 PUA 的人（操控者）有利，並不利於被 PUA 的人（受控者），或並不是受控者主觀或客觀上的最佳選擇。

第 1 章

單方榨取——PUA不是說服技巧

很多人覺得，PUA不就是一種說服技巧嗎？

本來我的想法是A，我想做B，被PUA之後，我的想法變成了C，我去做了D。這不是跟說服帶來的效果一樣嗎？我只是被他人說服了而已，生活中不是處處存在著說服嗎？

有些教人如何戀愛的顧問，會把PUA說成是一種增強社交能力的技巧，說這個技巧有說服的效果。

也有人在說著PUA的話，做著PUA的事，被識破後，辯稱自己只是在嘗試說服對方。本書對說服的定義皆指善意的說服。可以肯定的是，PUA不屬於善意的說服，所以我認為PUA不是說服技巧。

要判斷PUA到底屬不屬於一種說服技巧，那要看如何定義「說服」。

反PUA生存指南　26

動機

說服和ＰＵＡ的動機不同。

說服的動機通常建立在互惠互利的基礎上。說服會考慮雙方的利益，尊重人的自主性，可能基於共同的目標，透過有邏輯的、帶情感的或正面激勵的共同作用，鼓勵人們基於資訊和共鳴進行決策，接受某種觀點或採取特定行動。

在說服的過程中，雙方都能獲益或達成共識。說得直白一點，說服追求的是：我好，你也好，大家都好。例如：

某環保團體試圖說服大眾減少使用塑膠袋，不僅是為了實踐環保訴求，同時也考慮到大眾和環境利益。會透過提供科學研究、統計資料和邏輯分析等材料，強調減少使用塑膠袋對環境的長遠益處。

通常，環保團體會使用情感共鳴的方式作為說服的工具。比如透過展示野生動物受到塑膠汙染影響的真實案例來觸動人們心弦，當人們看到鯨豚因胃裡的塑膠垃圾而死亡時，內心會有感觸。

環保團體同時也會使用正面激勵來增強說服效果，如強調個人行動對環保貢獻的重要性。透過鼓勵人們基於全面的資訊和內心的共鳴做出決定，提高大眾的環保意識，從而達

然而PUA的動機往往是單方面的，主要展現操控者自己的利益。操控者通常不會顧及他人的需求和感受，不考慮他人的利益，不在乎他人的損失，不關心PUA對他人帶來的負面後果。

多數情況下，PUA的目的或結果正是操控者獲益。說得直白一點，PUA操控者追求的是：我好，至於你好不好，我根本不關心。例如：

部分銷售人員可能會利用PUA策略，透過操縱潛在顧客的情感，讓顧客購買他們根本不需要，或超出預算的產品。

銷售人員可能透過閒話家常來拉近與顧客的距離，並針對不同的顧客採取不同的對話策略。比如他們可能對兒女在外的長輩直接親密地稱呼叔叔阿姨，以此建立與顧客間的信任，然後利用這種信任，講述個人的悲慘經歷，誘導顧客出於同情購買產品。

或者，銷售人員可能誇大產品的功能或稀缺性，製造緊迫感，讓顧客擔心錯失購買機會。有時甚至利用顧客的內疚感，暗示不購買將會對銷售者個人造成負面影響。

這些策略雖然利用顧客的內疚感，卻是建立在心理操縱的基礎上，並沒有考慮顧客的實際需求，可能導致顧客日後感到後悔和不滿。

反PUA生存指南　28

手段

說服和PUA的手段不同。

說服通常會採用開放、透明的溝通方式，其資訊、情感和表達都是真實、積極的。說服方會尊重對方的自主權，允許對方基於完整資訊做出決定。例如：

某公共健康專家試圖說服大眾接種某種疫苗。他透過舉辦公開講座、發布研究報告和資料來說明接種疫苗的重要性，強調其對個人和社會健康的益處。在講座中，專家詳細解釋疫苗的工作原理、疫苗可能帶來的副作用，以及為何群體免疫對控制疾病傳播至關重要。同時，專家也真誠地表達對大眾健康的關心，鼓勵提問，以積極的互動方式解答疑慮。

在這個過程中，大眾被賦予了基於真實、完整和準確資訊做出自主決定的權利。

然而PUA往往依賴一些見不得光的手段，操控者不惜隱瞞真相、誇大事實，不注重他人的自主決策權，而是透過情緒操控使他人按照自己的意願行事。

與其說PUA屬於一種說服技巧，不如說PUA更像是一種詐騙手段。例如：

尊重

某男生看起來成熟、有魅力又感性,常在網路社群上發布自己的房子、車子、在世界各地旅遊的照片等,將自己塑造成一個有錢又有閒的「成功人士」。他根據女生告訴自己的感情經歷,虛構自己在情感上的過往,讓女生感覺遇到了知己,產生一種相見恨晚的錯覺。

之後,該男生開始強調他對該女生的真摯感情,並直言在遇到該女生前從未真正愛過別人。當這名女生質疑他們關係的發展速度時,他會利用之前建立的信任,暗示如果女生真的在乎他,就不該有這樣的疑問。

他許諾女生未來會有美好生活。有時他會故意顯得脆弱,利用女生的同情心,說只有該女生能給他帶來幸福。

連續幾個月,他每天與女生互傳訊息溫存到很晚,讓女生感受到無比的愛與關懷。

有一天,這名男生說自己急需一大筆錢周轉,希望女生能借自己一些。女生把所有存款轉給他後,他便消失了。

說服和PUA還有個最大差異,在於對他人尊重的態度不同。

在說服中,雙方是平等的參與者,彼此相互理解,被說服者享有說明觀點、討論或反駁

一位媽媽為了說服孩子不要熬夜，查了很多資料，用事實向孩子舉例熬夜的害處。孩子反駁說自己熬夜是為了學習。

之後，媽媽和孩子一起記錄放學回家後的時間分配利用的、哪些活動是可以提高效率的。後來他們發現，孩子每天晚上回家吃完飯都要連續看兩小時的電視，才開始寫作業。

媽媽和孩子商量，可以維持休閒娛樂，但要適度，如果減少一小時看電視的時間，孩子晚上就不需要熬夜了。可以從每天減少十分鐘做起，逐步做出改變。

孩子聽取了媽媽的建議，嘗試逐漸調整作息。

然而PUA是以實現操控者的目標為主。操控者常常透過各種手段，忽視或侵犯他人的自尊甚至自由，不惜損害他人的心理健康。例如：

職場中，主管希望下屬承接一個預期收益很低的專案。主管可能知道下屬不想接受，但談話時暗示如果下屬不接受這個專案，可能對下屬在公司的未來職涯發展造成不良影響。

下屬表達對這個專案完成條件的疑慮後，主管並沒有表示理解或提供下屬一些支援與

幫助，而是拿出「執行力、敬業度、忠誠度」這類的詞語來搪塞下屬，對其施加壓力。下屬為了滿足主管的期望，被迫接受了一個自己不願意接受的案子。

總之，ＰＵＡ不是說服。說服是一種雙方都可能從中獲益的健全溝通形式，它是基於資訊共享、相互尊重和理性討論進行的；而ＰＵＡ則是一種以操控者的利益為中心，透過操縱和控制手段來實現其個人需求的策略。

說服要考慮被說服人的利益，就對方而言也是有利的，而ＰＵＡ只考慮操控者的利益，只保證為操控者好。

第 2 章 精神控制——侵蝕權益與漠視感受

既然PUA不是一種說服技巧,那PUA究竟是什麼呢?

PUA的核心在於透過操控心理、左右情緒和控制精神來操縱受控者,使用各種技巧讓受控者感到困惑、依賴或無助,從而在不知不覺中屈服於操控者的意識,按照操控者的意圖行動。

之所以要「反PUA」,是因為PUA是有害的,甚至可以說它是有「毒」的。

PUA輕視他人權益

自主選擇是人類基本權利之一,每個人都平等擁有選擇自己的生活方式,以及進行情感表達的自由,而PUA不尊重人的平等,試圖剝奪受控者本該擁有的權利。

在PUA中,受控者的感受、需求和期望被徹底邊緣化,其情感表達的自由、選擇的自

由、拒絕的權利等個人權益都被操控者忽視。操控者將受控者視為實現其個人目標的「工具」，而非擁有平等權利的個體。

PUA忽略他人感受

在PUA中，為了達到自己的目的，操控者往往會讓受控者處於一個充滿焦慮、恐懼和自我懷疑的環境中。

透過PUA施加的情感壓力，本質上是一種情感虐待。它剝奪受控者表達真實感受的自由，導致受控者感到被動和無助。

操控者對受控者的情感需求漠不關心，甚至將這些需求用作操控的工具，這種行為是對他人感受的漠視。

除了情感上的虐待，操控者有時候還對受控者進行人格的侮辱。在PUA時，操控者實際上是在貶低受控者的價值感和自我認同感，甚至否定受控者的各個方面。

PUA損害他人利益

PUA以犧牲他人的利益為代價，實現操控者的目的。

受控者在這種不平等的人際交往中，要付出時間、金錢或情感。損失可能不僅展現在物質上，還展現在心理健康和生活品質長期受到負面影響上。

PUA造成的精神上的傷害遠比物質損失更嚴重，受控者可能需要花費大量時間和精力才能從這種深度的心理創傷中走出來。

除此之外，PUA還有非常強的隱蔽性，難以被人們發現。在PUA中，操控者可能看起來人畜無害，甚至表現得異常親切、體貼和真摯。他們很可能利用社會道德或文化常規作為偽裝，使受控者及旁觀者難以辨識其真實意圖。

操控者深諳人性的弱點，如人對認同、愛慕、安全感的渴望，以及對恐懼、羞恥和罪惡感的排斥。他們利用人性的弱點，透過控制情緒，製造一種讓受控者難以抗拒的心理狀態。這種對情感的精準把握直接作用於人的內心，往往是不會顯現在表面的。

PUA有時候是逐步實施的，剛開始可能僅是一些看似無關緊要的行為，隨著時間的推移，操控者會一步一步侵蝕受控者的思想。

總之，PUA是一種基於自私和操控的行為模式。它不尊重他人權益、忽視他人感受、損害他人利益，同時又難以被察覺。而識別和反制PUA行為、建立基於平等的人際交互模式，是尊重別人，更是珍愛自己。

第 3 章

深遠毒害——心靈侵犯與情感傷害

也許有人覺得，被PUA了好像也沒什麼。

之所以會有這種感覺，也許是因為PUA沒有發生在自己身上，也許是從來沒意識到自己被PUA了。

我們不僅要反制PUA，而且要在其發生的第一時間識別並反制，不然可能會對個體及周圍人群產生深遠的負面影響。怎麼說呢？

PUA損害心理健康

小娜原本是一位才華橫溢的作家，作品飽含豐富的情感和獨特的視角。在一次文學研討會上，小娜認識了資深編輯大華。大華對小娜的作品表現出了極大興趣，稱讚小娜是一位潛力無限的作家。大華的關注

和讚美讓小娜感到受寵若驚。後來兩人成為情侶。隨著關係愈來愈近，大華開始介入小娜的生活和寫作。

大華先是以愛為名，頻繁詢問小娜的行蹤，漸漸開始限制她的自由。他暗示小娜如果在乎他，就應該理解和接受他的這些「要求」。一段時間後，大華會插手小娜的寫作、批評小娜的寫作風格，強調只有按照他的標準寫，她的作品才能達到更高水準。

每當小娜嘗試堅持自己的創作觀點時，大華就會變得情緒化，指責小娜不尊重他的專業意見，甚至暗示如果她繼續固執己見，必然失敗。在這種氛圍下，小娜漸漸失去了創作靈感，迷失在大華設定的框架中，開始懷疑自己的才能和價值。

大華的操控讓小娜感到無助和挫敗，她的自信遭到嚴重打擊。不再像以前那樣享受寫作，而是把寫作看成一種負擔。她開始感到極度焦慮和憂鬱。她不斷質疑自己的身分與意義，覺得自己陷入了一個情感囚籠中，既無法滿足大華不斷增長的需求，也無法找回曾經的自我。

人們發現自己被PUA時，可能會產生強烈的心理衝擊，更可能因為困擾和壓力的逐漸累積，在日常生活和心理健康方面遭受長期傷害。

自我價值感喪失是PUA中常見的心理反應之一。受控者可能質疑自己的能力，產生強烈的自我懷疑，感到無能為力。

比如小娜被PUA後，不僅感覺自己對戀人關係無能為力，而且感覺自己「不配」成為一個合格的作家。

有些被PUA的人可能因持續感到不安而產生心理疾病。長期的情感傷害甚至可能導致創傷後壓力症候群（Post Traumatic Stress Disorder，簡稱PTSD）。一些曾經全心投入的受控者可能發現自己無法完全擺脫那段經歷的陰影，就算在安全環境中，也會感到極度的不安和恐懼。

PUA破壞人際關係

小文剛大學畢業，他體形較胖，對自己的外貌沒什麼自信，也沒有什麼朋友。一次偶然的機會，他遇到了帥氣、身材好的健身教練Chris。

Chris人很和善，他是為數不多願意主動與小文做朋友的人。小文向Chris袒露了自己對身材的自卑。Chris教了小文一些減肥技巧，小文照著做了一段時間，發現效果顯著。Chris就這樣迅速贏得了小文的信任。

有一次，Chris向小文介紹一款健身器材，小文試了一下，覺得不錯，但問了價格，發現要三萬元，小文猶豫了。

Chris拿出手機，向小文展示很多人在購買使用這款健身器材後，身材變好了，人也變

得有自信許多，還找到了理想工作。

Chris 語重心長地對小文說：「三萬元存款改變不了你的人生，但這款健身器材只需要不到兩千元，而且這款健身器材並不像 Chris 說得那麼有效果。

小文相信 Chris，於是乖乖掏錢購買了。後來，小文發現網上同款的健身器材都是仿冒品，而且用的都是劣質材料。他賣的這款健身器材申請了專利，品質好多了。沒有效果是因為時間不夠，堅持用一段時間就會見到效果。

小文向 Chris 詢問這個狀況。Chris 說，網路上那些同款健身器材都是仿冒品，而且用的都是劣質材料。他賣的這款健身器材申請了專利，品質好多了。沒有效果是因為時間不夠，堅持用一段時間就會見到效果。

之後，Chris 就「失聯」了。小文感到深深的失望和憤怒，他意識到自己被 Chris 利用了，從此再也不相信任何人，覺得任何一個主動向自己示好的人都是騙子，把內心封閉了起來。

真誠和信任是建構健康人際關係的基石。然而，當 PUA 出現，這兩個基石將會被削弱，甚至被徹底摧毀。

PUA 之後的關係瓦解可能不只是兩個人的事，還會伴隨著受控者對他人喪失信任和對人性感到失望，影響其未來建構健康的人際關係。受過 PUA 傷害的人，可能會開始懷疑周圍人的意圖和行為，變得更加謹慎和封閉。

PUA阻礙個人發展

小林剛畢業就加入了一家大型科技公司，他是個充滿熱情的軟體工程師，對未來充滿期待和夢想，渴望透過努力取得成就。

小林的主管叫勝哥，是個很有經驗的專家。小林剛到軟體部門時，勝哥特地為他舉辦了盛大的歡迎儀式，並私下對他說，如果他表現好，很快就可以獲得提拔。

在小林工作的前兩個月裡，勝哥對他的關懷無微不至，這讓小林在公司彷彿找到了家的感覺。

兩個月後，勝哥向小林暗示，唯有不斷加班才有可能在公司取得發展。勝哥說，加班是公司文化，創始人創業時就天天和團隊一起睡在公司，自己剛入職時也日夜加班，正是高層看到了自己不斷工作的拚搏精神，自己才得到了今天的職位。

有一次，小林因為有事正常下班，勝哥批評小林沒有團隊精神。後來勝哥常找各種理由表達對小林的不滿。

後來因為與勝哥發生衝突，小林便離開此地，來到了一家新公司。新的主管對小林很好，小林反而覺得新主管「有所圖」，對主管敬而遠之。

有一次小林主動加班，主管關心小林，問了一句：「怎麼這麼晚了還不走？」小林賭氣地回答：「你們當主管的，看到員工加班還不開心嗎？」

反PUA生存指南　40

不久後，小林在這家公司也待不下去了。他又兜兜轉轉去了好幾家公司，因為總是和主管存在溝通問題，職涯發展一直不順。

PUA給人帶來的可能不只是一時的困擾，還有持續的心理和情感影響。這些影響會逐漸滲透到個人的自我認知和價值觀中，構成對個人發展的顯著阻礙。比如小林把對勝哥的不滿轉變成對所有主管的不滿，認為所有主管都像勝哥一樣在PUA員工。

PUA帶來的自我懷疑可能讓受控者分不清正常關懷和PUA，導致受控者在情感表達和人際交往方面變得更加保守和封閉。

受控者可能發現自己明明已經脫離了PUA環境，人生軌跡卻仍然不斷受到PUA後果的影響，這種在生活中的被動和無力感，也許會讓受控者在長期的人生旅途當中感到迷茫和失落。

總之，PUA不僅會在發生時造成傷害，還會對受控者產生深遠和多元的負面影響。它不僅可能造成情感交流的扭曲，對受控者的心理健康構成威脅，還可能影響其未來發展。

41　第3章　深遠毒害──心靈侵犯與情感傷害

第 2 部

應對 PUA

看清楚 PUA 的本質，可以準確識別 PUA 後，接下來就要應對 PUA 了。

有效應對 PUA，能夠保護自己的自主權和自尊心，明確劃出個人邊界，在尊重他人的同時，讓自己不受操縱和傷害，維持更加健康和平等的人際關係。

第 4 章 人間清醒──反PUA的四大通用方法

常見應對PUA的方法有四種：設定邊界法，即清晰明確地表達自己可接受的範圍；自我意識法，能增強自己的獨立思考能力和強化自我觀念；共同決策法，利用群體智慧識別和應對PUA；隔絕遠離法，則是讓自己避免負能量的干擾。

設定邊界法：明確界線，抵禦操控

設定邊界法是透過劃定哪些言行是可以接受的，哪些言行是不可以接受的。設定自己的邊界、明確自己的界線，以此來抵禦操縱和防禦控制。

自我認知

設定邊界法的第一步是自我認知，這是建立自我保護和獨立思考的基石，也是所有應對

反PUA生存指南　44

PUA方法的基礎。

要有效防範和應對PUA，首先要深入挖掘和理解自己內在的世界，包括價值觀、需求、願望及個人的舒適圈與不適圈。透過自我認知，明確自己的立場，了解在哪些情況下需要設定邊界，以及如何有效地維護這些邊界。

自我認知的方法有很多，比較簡單直接的，是問自己以下問題：

● 對你來說，最重要的三件事是什麼？
● 你最希望自己成為什麼樣的人？
● 誰是你最崇拜的人？
ー解析：這類問題可以了解核心價值觀，這些價值觀主導著你的決策和行為。

● 你最不願改變的是什麼？
● 有哪些情況如果改變，會讓你抓狂？
● 你最不希望生命中的什麼發生變化，為什麼？
ー解析：這類問題可以揭示核心信念，這些信念可能會被他人利用，以動搖你的情緒。

● 什麼情況下你感到最幸福、最滿足？

45　第4章　人間清醒——反PUA的四大通用方法

- 你對哪些方面最有自信?
- 做哪些事的時候你感覺最有熱情?

解析:這類問題可以幫助你發現自己真正的興趣、需求或夢想所在,以及哪些活動能為你帶來內在的滿足感。

- 你最害怕什麼?
- 你最討厭什麼?
- 你最不希望看到什麼?
- 什麼事讓你覺得最沒有意思?

解析:這類問題可以讓認識到你的恐懼、擔憂、厭惡等負面情緒的來源,可以幫助你理解自己的邊界。

- 什麼事讓你感到疲憊?
- 什麼事讓你感到自己在浪費時間?
- 什麼事對你來說是一種消耗?

解析:這類問題可以讓你理解什麼可能消耗了你的精力、擾亂了你的情緒,幫助你設定更清晰的邊界,或更有效地管理時間和資源。

問自己這些問題，其實是一種自我反思。這種自我反思可以在任何時候進行，但要注意讓自己安靜下來，平靜地回答。不需要刻意設定時間限制，可以充分思考。人的心境會隨著環境變化而發生一些變化，所以在不同的時間問自己相同的問題，可能會有不同的答案。

除了問自己問題之外，日記也是一種有效的工具。你可以試著在日記中記錄下每天的事件、情緒反應、思考過程，以及對特定情況的感受。透過回顧和分析日記中的這些紀錄，你可以逐漸發現自己對某些行為或情境的真實反應，理解哪些事情觸碰到自己的界線、哪些行為讓自己感到舒適或不適。

你可以嘗試與信任的朋友或家人進行深入討論，分享自己的想法、感受和經歷，同時聽取他人的觀點和回饋。專業的心理師也可以幫助你探索自己的內心世界，提供專業的回饋和引導，幫助你更清晰地認識自己。

明確界線

在第一步自我認知的基礎上，可以進一步明確個人界線。界線的設定涉及多個層面，例如情感界線、時間界線和精神界線等。

情感界線是人們允許別人影響自己的情緒狀態或感受的程度。明確情感界線意味著明確表達哪些言行對自己是不可接受的，例如不接受言語侮辱、情感操縱或冷漠對待。例如，你可以明確表達：「我跟你說過我的底線，但你現在無視我的感受，我希望彼此

保持尊重。我們可以為此談談。」

時間界線涉及個人如何分配自己的時間，以及允許他人占用自己時間的程度。尤其在職場中，設定時間界線可以事先確認自己願意付出哪些時間來工作，或者別人什麼時候可以就工作問題來打擾自己。

例如，下屬可以事先與主管溝通：「我可以在工作日加班，但週末我要帶孩子，實在照顧不到工作，還請見諒。」

精神界線涉及人的思想、喜好、價值觀等要守護的邊界，明確精神界線即是要求他人尊重自己的思想和自由選擇。

例如，你可以說：「我尊重你喜歡看足球，但也希望你尊重我喜歡看電影。我不會因為你愛看足球去評斷你的品味，也希望你不要因為我喜歡看電影來評斷我的品味。」

表達界線

明確界線後，接下來就要表達清楚自己的界線。能夠事先表達最好；如果沒有事先表達，別人越界了，也可以在越界後第一時間表達。

在表達界線之前，先評估情境。考慮對方的性格、你們的關係以及最佳的溝通時機。可以選擇一個雙方都相對放鬆、不大會被打擾的時間表達，以便進行深入的溝通，達成共識。

透過清晰、堅定和沒有攻擊性的語言來表達自己的界線，例如「我感覺……」、「我需

反PUA生存指南 48

要⋯⋯」、「我希望⋯⋯」等。

事先表達自己界線的時候，可以「理直氣軟」、「堅定無力」。「理直氣軟」中的「理直」是指你事先表達清楚自己的界線，這件事是正常的、合理的，不必覺得理虧；「氣軟」的意思是表達態度委婉些，不宜過於強硬。「堅定無力」中的「堅定」是指表達的內容要具體、明確，過程中不容任何質疑；「無力」的意思是講出來的時候不宜帶有任何攻擊性。

表達自己的界線時，不需要過多解釋或辯解自己的需求。界線是基於個人的舒適度和需要設定的，不需要得到外部的認可。

當然，在表達界線時，也要尊重對方的感受和需求。明確你的界線並不意味著忽視或侵犯對方的空間，而是尋找一種雙方都感到舒適的相處方式。

如果你的界線沒有不利於對方之處，對方卻一再試圖使你改變自己的界線，則可能對方在PUA你。這時候，你要堅持自己的立場。

如果你的界線與現實情況有衝突，可以設定一個雙方都能接受的解決方案。例如公司確實有緊急工作要處理，但你晚上不能加班，可以提出自己第二天早上提早來公司處理工作。

維護界線

表達清楚界線後，就要維護界線。

一旦界線被設定，就需要堅持不懈地維護它。如果你在某些情況下放棄或妥協，那麼別

人可能就不會把你的界線當真。

維護界線是一個動態的過程，你需要注意那些可能侵犯個人界線的行為。

注意，一旦識別出越界行為，重要的是立即反應。延遲處理可能會被別人解讀為接受或默許，從而鼓勵更多越界的嘗試。

首先，要對自己的界線有清晰的認識，並對可能的越界行為保持敏感。注意那些讓你感到不舒服、受到威脅或被侵犯的情況。

其次，在遇到越界行為時，要明確而堅定地重申你的界線。例如：「關於加班的問題，我之前說過，請你尊重我的個人時間。」同樣可以使用「我感覺」、「我需要」、「我希望」等訴求，來表達自己的感受和需要。

再來，拒絕是維護界線的一個關鍵技巧。可以用禮貌但堅定的方式拒絕那些超出你界線的要求。必要的時候，可以理直氣壯、堅定有力。

最後，如果有人反覆無視你的界線，持續越界，你可以評估這個人在你生活中的位置和重要性。有時候，為了自己的身心健康，最好的選擇可能是與其分開。

在維護界線的過程中，可以嘗試尋求朋友、家人或專業人士的支援和建議，他們可以為你提供局外的視角和力量。如果越界行為升級到侵犯或騷擾，則不要猶豫，立即採取法律手段保護自己。

當然，隨著時間的推移和關係的發展，你可以根據新的情況調整界線。但請注意，調整

反PUA生存指南　50

自我意識法：監測情緒，自主決策

自我意識法是透過提高對自身內在狀態的認識和理解，幫助人們識別並抵抗PUA操縱和控制的方法。

這種方法側重於增強自我覺察、自我認知、自我尊重和自我價值感，使人們能夠在面對PUA時保持清醒，做出自主且有意識的行動。

自我覺察

自我覺察能力強的人能夠更容易識別和應對PUA，增強自我覺察是建立健康心理防禦和維護個人界線的基石。這需要養成自我反思的習慣，透過自我反思，你可以深入了解自己的內心世界，包括感受、想法和行為模式。

自我反思最好安排在特定的時間，可以選擇一天中的某個時刻，比如每天晚上睡前或每週某個安靜的下午。自我反思要是清靜的、專門的、持續的。

界線要以自己感到舒適為原則，而不是為了對方的要求而改變。

透過這四步的設定邊界法，你可以在各種人際關係中保護自己的身心健康，在尊重和理解基礎上，與別人保持平等的互動。

51　第4章　人間清醒——反PUA的四大通用方法

自我反思時，你可以深入探索每天發生的事件和自己的反應，問自己：「我這天為什麼快樂、沮喪或憤怒？我為什麼會有這樣的感受？這背後有什麼原因？」注意自己的情緒。情緒是一個人內心世界的直接展現，透過覺察自己的情緒、理解自己的情緒，可以更掌握到自己的心理狀態，學會識別自己的情緒。有時候，單純的「我現在感覺不好」可能包含了焦慮、傷心或失望等不同的情緒。準確地發現和定義這些情緒，有助於理解自己的需要。

每當出現強烈情緒時，深入探索這些情緒背後的原因。可以詢問自己：「我為什麼會產生這種情緒？它是由當前的人、事、物觸發，還是和我過去的經歷有關？」

建立自我觀念

反PUA需要具備較為強大的內心，也需要有較明確的自我價值感知。為自己建立起一套健康的自我觀念，更加堅定地面對外界的壓力與操控。

你要有積極的、自我肯定的觀念。時常提醒自己是什麼樣的人，例如：「我有權利擁有自己的個人空間」、「我有處理好工作的能力」、「我有獨立思考的能力」。

如果你的自我觀念比較弱，可以試著每天強化一下，每天重複一些積極的觀念，讓它們成為一種信念、一種篤定的思想。如果你有一些自己很認可或意志堅定的信念，可以把它們寫下來，貼在或掛在自己的工作桌上、房間的牆上，還可以做成手機、電腦的螢幕保護程

式、桌面。視覺化的提醒可以幫助你在日常生活中不斷回憶和加強這些積極的信念。

自我觀念不強的人，會發現遇到困難或面對新事物時，內心常出現一個聲音，告訴自己一些與預設觀念相反的想法，讓自己做出原本不想做、不該做的行為。

這種情況下，你要特別注意這種負面聲音出現的情況。當你發覺自己有這種負面的自我對話時，先讓自己停下來，質疑這些想法的真實性或合理性。

例如，可以問自己：「我為什麼會這麼想？這個想法有依據嗎？我這麼想是基於事實還是別人的引導？如果我的朋友遇到同樣情境，有了這樣的想法，我該怎麼勸他？」

一旦識別出自己負面自我對話的來源後，就能夠發現問題了。接下來就可以嘗試用正面、有建設性的話語來替換這些想法。在這個過程中，也要注意別責怪自己。你可以把自己當作一個好朋友一樣對待，用同情和理解來回應自己的缺點或失誤，像說服一個好朋友一樣幫助自己成長。

每個人都不是完美的，犯錯是成長的一部分，我們需要練習、需要時間、需要耐心。強化自己的自我觀念，可以減少外部評價對你的影響。

自主決策

養成自主決策的習慣也是增強個人獨立能力和抵禦 PUA 的重要方法。你可以在平常多試著讓自己培養這方面的習慣，對資訊和意見提出批判性的分析和思考。

培養自主決策習慣可以從日常生活中的小決策開始，比如決定自己今天吃什麼、安排自己要做什麼，或選擇自己要玩什麼。

在做出每一個小決策時，都要意識到，你自己是決策的主體。你的所有決策都要基於自己的喜好、需求或目標。

如果你常常有過度鑽牛角尖、猶豫不決、決策困難等問題，可以透過鍛鍊來提高自己的決策效率。首先從不那麼重要的決策開始，可以給自己設定一個時間限制，比如在五分鐘內做出選擇。

每做出一個決策後，記得花時間反思一下自己的決策過程：思考哪些因素影響了你的決策；思考每個決策是完全基於自己的意願和需求，還是受到了外部的影響或壓力。

反思決策的時候要注意評估自己的決策系統是否正確，而不是決策結果如何。例如，在一個投資決策當前，你認為獲利的機率是一○％，虧損的機率是九○％。基於此，你做出了不投資的決策。但別人投資後獲利了。這時候不能說你的決策錯了，因為你的決策系統沒有錯。不能因為出現了機率很低的事件而質疑自己的決策過程；你要保證的，是自己的決策系統不出問題。

當然，這確實可能是自己的決策系統出現了失誤。你可以嘗試從多種角度分析問題，考慮不同的可能性和後果。記得把做出的決策與自己的目標和價值觀進行對照，問自己：「這是我想要的嗎？這件事與我的長期目標相符嗎？這符合我的價值觀嗎？」

透過正確地反思和評估自己的每個決策，你可以逐漸增強自主決策能力。這樣你就能在遇到PUA時，基於自己的價值觀和需求，做出更加明智和獨立的選擇。

「針扎不透，水潑不進」形容一個人堅持己見、不聽別人的意見，很多時候用為負面的描述。但也正因為這類人自我意識強，反而在應對PUA方面有比較好的效果。我不鼓勵你成為這樣的人，但你可以在運用自我意識法時，向這樣的人學習。

理解自己，認識自己，管住自己，提高自己，可以增強你面對PUA時的心理韌性，讓你從根本上識別和抵制操控你情緒的策略。

共同決策法：借助外力，降低風險

共同決策法是當你感到不確定、不適，或在要做出重要決策時，尋求那些你信任的人的建議、支持或幫助，和他們一起做決策的方法。

俗話說：「三個臭皮匠，勝過一個諸葛亮。」一個人的能力是有限的，一個人思考難免會有想不清楚的地方，多人一起思考可以貢獻不同的視角，提供更多不同的建議。

共同決策法正是利用群體的智慧讓自己保持清醒，給自己找個智囊團。當一個人的決策不保險時，那就利用群體的智慧決策。

識別可信賴的人

應用共同決策法的第一步是識別出那些你信賴的人。這些人可能是對你真心相待的父母、兄弟姐妹、親屬或知心朋友。

可信賴的人不僅在物質上幫助過你，更重要的是可以為你提供情感上的支援，始終保持對你的誠實和尊重。

要識別出哪些人是你值得信賴的，可以透過傾聽、觀察、交流等方式判斷。一個人言語和行為的一致性是他值得被信任的關鍵基石，你可以觀察他們的言行是否一致。如果一個人在不同情境下保持著相同的原則和行為，表明這個人是可靠的。

你可以回想過去，當你需要幫助時，他們是否及時出現並提供幫助；你可以思考他們是否在乎你的感受，因為真正關心你的人會在意你的感受，會真誠地幫助你，而非只是禮貌地回應；可信賴的人願意與你分享自己的想法、感受和個人經歷。彼此開放的交流可以建立深層的信任，為雙方提供一個安全空間，可以分享敏感或私人的資訊。

在你分享自己遇到的問題時，可信賴的人會給你更多的支持、安慰和鼓勵，而不是一味地批判或指責。可信賴的人會懂得尊重你的隱私，能夠為你保守祕密。如果你曾經與他人分享過敏感資訊，關注這些資訊有沒有被洩露出去。可信賴的人還要能夠幫助你解決問題。你可以觀察他們平時是如何與人溝通和處理問題的。

進行開放的溝通

遇到重要決策、疑似PUA的情況，或自己拿不準的事情時，可以與可信賴的人進行開放和誠實的溝通。

在開始對話前，首先要搞清楚這次溝通的目的，是尋求建議、共同決策？還是分享你的感受和擔憂？搞清楚目的，也能幫你看清楚自己面臨的狀況。

溝通前，記得詢問對方的時間安排，可以找一個安靜、私密的環境進行溝通，確保雙方都有足夠的時間和精力參與其中。

溝通的時候，要詳細說明你所面臨的情況，包括所有相關的背景資訊、你的感受、你遇到的難題，以及你目前考慮的解決方案，確保不遺漏任何可能影響決策的關鍵。

清楚地表達你的擔憂，尤其是那些使你感到不確定或不適的情況，解釋為什麼這些情況讓你感到擔憂，以及你對可能產生的後果有什麼預期。

分享你在面對這些決策時的感受，無論是焦慮、恐懼還是激動，讓你信賴的人了解這些情況對你個人的影響。

分享完後，給予對方足夠的空間來表達他們的想法和建議，認真傾聽他們的回饋。如果他們的想法和建議不清楚，不要猶豫，提出你所有的疑慮，以獲得更深入的解釋。

然後，你要基於從對話中獲得的回饋，與可信賴的人探討所有可能的解決方案，考慮每個選項的利弊，並討論它們對你和相關的人可能產生的影響。

透過這種開放和誠實的溝通，你不僅能更清晰地了解自己的想法和感受，還能從信賴之人那裡獲得寶貴的意見和支持，共同做出最佳決策。

尊重不同的視角

應對PUA時，來自信賴之人的不同視角是幫助你做出決策的重要參考。不同的視角可以補充你發現自己未曾注意到的資訊、思考更多的可能性，甚至揭露潛在的PUA。

與你信賴的人對話時，你可以主動尋求不同的看法，提前明確表達出你希望聽到不同的建議或意見，即使這些看法可能與你的初步想法不同。你可以強調自己的目標就是獲得盡可能多元的視角，以便自己做出最明智的決策。讓你信賴的人知道你歡迎任何觀點，即使是那些可能令人不適的批評意見，你也可以欣然接受。

如果你發現了被PUA的線索，可以與信賴的人討論。他們可能可以幫你更清楚地看到事情的全貌，幫助你保護自己。

徵求多方意見可以讓你獲得更廣闊的視野，增強你對PUA的認識和防範能力。可以試試將來自不同人的意見和觀點結合起來，利用多樣的視角制定一個綜合的解決方案。

共同面對和反思

當你把信賴之人拉入自己當前的問題後，這件事就變成你們共同要面對的事件了。接下

反PUA生存指南　58

來你們可以持續討論、共同決策，並對結果做討論和反思。

這時候，你多了一個可以共同面對問題和共同承擔的壓力會減輕些，試錯的心理成本也會降低。而且你和信賴的人之間還多了一個可以討論的話題，你可以分享這件事情接下來的走向，分享你從中吸取的教訓和自我反思，增進彼此的關係。

這種探討對雙方都是有益的，既可以幫助你總結經驗、吸取教訓，又能為對方提供案例價值。你們都可以將這次的經驗、教訓應用到未來的決策中。

共同決策法可以讓你從多個角度審視問題，又可以加深你與信賴之人的關係。你與信賴之人可以相互幫助，而並不限於一方幫助另一方。

隔絕遠離法：拒絕來往，保持距離

隔絕遠離法是在發現某人有對你實施PUA的苗頭之後，透過疏遠、絕交、設定黑名單等方式，與其保持距離或者不給出任何回應的方法。

隔絕遠離法藉由製造物理或情感上的距離，讓自己靠近正能量，遠離負能量，以減少或消除PUA對自己的影響。

59　第4章　人間清醒──反PUA的四大通用方法

識別PUA

實施隔絕遠離法的第一步，是提高自己對PUA的認識和警覺。你要能夠迅速識別PUA的言行模式，以便在面對PUA時能夠迅速採取行動。

你可以相信自己的情緒，如果感到被輕視、感到困惑，或感到不被尊重，很可能就是對方在PUA你。

有時候，直覺也是可以相信的。如果你的直覺告訴你哪裡不對勁，或者身體感到某種異常，例如胃部緊繃、心跳加速等，也可能是一種警報。畢竟，PUA是有害的，面對可能對自己帶來風險的狀況，寧可信其有。

當然，為了增強自己的判斷力，平時要注意感受自己的情緒，觀察自己不舒服時的狀態。你可以透過回顧過去，看看你的直覺是否曾提醒過你，卻被你忽視了。

從過去的經歷中增強自己的判斷能力，能有效提高預警的能力。如果你願意，也可以透過日記來記錄過去的一些關鍵事件和關鍵感受。

當你感覺不確定的時候，不要害怕提問，可以直接反問對方更多的資訊和真實的意圖。

當然，如果你對某人的行為感到懷疑，也可以問你信賴的人的意見。

做出遠離決定

一旦識別出有人可能在對你實施PUA行為，要評估這個人在你生活中的作用和影響。

健康的關係是建立在彼此尊重的基礎上的。你可以回想與這個人相處的時光，分析這個人給你的感受，看看自己大多時候是感到高興和滿足，還是感到不安、困惑或不被尊重。對你有益的人際交往會支持和鼓勵你，而不是控制你。你可以思考這個人是支援你的個人成長，還是試圖將你束縛在某種狀態中，不讓你發展和成長。

正常的人際交往是互惠的。如果你發現總是自己在付出，而對方只是在索取，這可能是對方在實施PUA的一個跡象。

在評估完所有這些感受後，你要決定什麼樣的行動更適合自己。如果你的內心認為需要遠離對方，那麼就勇敢地採取行動。

你可以直接告訴對方希望結束彼此的關係，或者逐漸減少與之接觸和溝通。在某些情況下，直接將對方加入黑名單並切斷一切聯繫可能是最佳選擇。

實施隔絕措施

如果可能，可以逐步減少與PUA方的接觸，這樣做也許可以幫助你平穩地過渡情緒。

你可以根據自己與對方經常相遇的環境和情況，採取避免相遇的措施，例如改變上下班或上放學的路線，選擇不同的休息時間或地點，避免與對方在生活上接觸。

如果不可能完全避免接觸，比如是上司與下屬，或在一間辦公室的同事，那麼可以設定清晰的個人界線。告訴對方，除了正常工作上的事，彼此不要再有多餘的來往。

可能的話，你可以拒絕單獨會面，只接受與對方在短時間、公開場合中的會面，或者只有在有同事、有朋友等第三方在場的情況下才與對方進行長時間對話。

對於可以斷絕聯繫的人，直接刪除聯繫方式，將其加入黑名單或封鎖來電、資訊、電子郵件等，以徹底隔絕與對方的聯繫或互動。

如果你有自媒體帳號，檢查並調整你的隱私設置，確保你的個人資訊和狀態更新為不對該對象開放。對於陌生人，同樣可以在自媒體平臺上設置一定的留言限制，防止其用不同的帳號嘗試聯繫你。

雖然斷絕關係可能是一個艱難的決定，但為了自己的長遠幸福，採取行動是必要的。隔絕遠離可以維護你的自我價值，也能幫助你朝著更健康的生活方式邁進。

堅定態度

一旦決定實施隔絕措施，就要堅定不移。剛開始可能會遇到一些困難，比如共同的朋友或同事可能會詢問或試圖介入，但你要堅持和守護你的界線。

對於你想和誰來往，不想和誰來往的問題，你有絕對的決定權。你不需要向任何人解釋為什麼選擇遠離那些讓你感到不舒服或讓你受到傷害的人。如果被迫必須回應，可以用最簡潔的方式，比如「我想一個人靜靜」。這樣的回答既表明了立場，又避免了進一步的爭論。

注意，即使在面對詢問或壓力時，也要堅持你設定的界線，維護這個界線，不要被

反PUA生存指南　62

斷絕聯繫的過程中可能會伴隨情感上的波動，特別是如果你和對方有較深的情感連結。你要確保自己在這個時候照顧好自己，保持健康的生活習慣和規律的作息。

你可以探索嘗試一些新興趣或愛好，比如學習樂器、繪畫、烹飪、寫作或進行戶外運動。新的興趣可以幫助你打開視野，能讓你在學習中找到成就感和樂趣。積極的社交互動可以讓你沐浴在正能量之中。多花時間與那些對你有積極影響的人相處，這些人應該是支持你、鼓勵你，並為你的成功喝采的人。

專注於自我成長和培養正能量既能幫助你從負面經歷中恢復過來，又能為你的未來打下堅實的基礎。每段經歷都是成長的機會，透過積極地面對和從中學習，你可以成為一個更完整、更強大的自己。

透過隔絕遠離法，你可以有效地保護自己免受PUA的影響，為自己創造一個更健康、更積極的生活環境。

第 5 章 強力反擊——反PUA的六種常見說話技巧

在操控者面前，說對了話，能夠讓對方感到無地自容，讓對方落於溝通中的下風，為自己爭取主動地位，從而有效應對PUA。

反PUA有六種常見的說話技巧，用反問定義法，可以要求對方澄清，從而占據主動地位；用追究原因法，可以發現對方的想法或隱藏資訊；用照單全收法，可以避免與對方正面衝突；用撇清關係法，可以讓自己從糾纏中抽離；用延伸推演法，可以揭示對方邏輯的荒唐之處；用反向PUA法，「以其人之道，還治其人之身」。

反問定義法：找回談話的主動地位

反問定義法主要用於反駁那些試圖操控你的、負面的評價，從而保護自己的界線，幫助自己找回談話中的主動地位。

反PUA生存指南 64

這種方法透過要求對方明確其使用某個詞語的具體定義，將對話的焦點從個人身上轉移到對含義的探究上，為你爭取到更多的時間和空間來評估當下的情況，從而為接下來的應對做好準備。

很多時候，想PUA你的人只是利用一些容易激起人情緒的常見詞，對方很可能自己也沒有特別去思考或理解這些詞本身具體有什麼樣的含義，或者對方在用這些詞的時候，並沒有特別為這些詞劃定意義框架，也沒有預設你會以這些詞反問。

反問定義的常用問法如下：

「你剛才說的○○的定義是什麼？」
「你剛才提到了○○，它具體指的是什麼？」
「抱歉，我沒聽懂，剛才你說的○○是什麼意思？」
「你好像在說一件我完全不了解的事情，能講一下細節嗎？」
「我不認識你說的『人們』，人們究竟指的是誰？」
「你說的『大家』，指的是你自己嗎？」

情境實戰

案例 1

對方：大家都在加班，就你不加班，你也太沒有團隊精神了。

回應：我昨天家裡有事才無法加班，事先也已經跟您提過了。您剛才提到了「團隊精神」，能否告訴我，您對團隊精神的具體定義是什麼？

案例2

對方：你最近這段時間工作不太用心，要努力一點啊。

回應：我虛心接受您的評價，不過我不太懂，什麼叫「不太用心」？您具體是如何判別用心與不用心？您如何判斷我是否努力？

案例3

對方：好好做，做得好，很快就能升遷！

回應：太好了，不過我想知道，什麼叫「做得好」？升遷的具體標準是什麼？

案例4

對方：你也太敏感了吧，我只是跟前任吃了一頓飯而已，你有必要這樣嗎？

回應：問一下就是「敏感」嗎？請問，你對「敏感」的定義是什麼？

反PUA生存指南　66

案例 5

對方：連這麼便宜的禮物都不送，你好像太不懂得如何愛人了。

回應：請問，你對「愛」的定義是什麼？

案例 6

對方：你連每天送我上班這麼簡單的事都做不到，根本沒有把我放在心上。

回應：是嗎？請問，你是怎麼定義一個人有沒有把另一個人「放在心上」？

案例 7

對方：你不借我抄作業，就是不把我當朋友！

回應：我借你抄作業是害你吧？如果真把你當朋友，應該害你嗎？

案例 8

對方：你怎麼都不關心孩子的學習成長呢？你應該多陪伴孩子。

回應：你是怎麼判斷我「不關心」孩子成長的？你說的「多陪伴」指的是什麼？

67　第 5 章　強力反擊──反 PUA 的六種常見說話技巧

案例9
對方：我們要合作的這個案子，是同業當中條件最好的。如果你再不決定合作，我就要找別人了。
回應：**最好？請問這個「最好」是指什麼？**

案例10
對方：投資這個標的，保證會盈利，錯過就會後悔。
回應：**我從來沒有聽說過保證盈利的標的。你對「保證」的定義是什麼？**

案例11
對方：我之所以找你借錢，是因為我知道你是個很有同情心的人。
回應：**請問你是從哪裡具體看出我「很有同情心」的？**

案例12
對方：這件衣服真是太適合你了，穿在你身上看起來超時尚。
回應：**請問你對「適合」的標準是什麼？另外，你怎麼評價「時尚」？**

反PUA生存指南　68

青菜蘿蔔各有所好。對於同一件事，每個人因為身分、閱歷、性格等因素的不同，都會有自己的觀點。觀點本無對錯，只是每個人腦中的想法。人與人相處，有思想上求同存異的過程。反問對方某些事情的含義，在人際溝通中沒有任何不禮貌之處。

用謙和、溫柔、平順的語調反問對方，在達到應對目的、表現出善意的同時，還能讓對方感到「這個人好像頭腦很清醒」。

很多實施PUA的人，在你反問其對某件事定義的時候，就已經有些措手不及了。如果對方能夠回答，而且真的把這個定義、邊界或框架說出來了。你可以這樣說：「原來如此，看來我們對某事的定義有所不同，怪不得沒有共同語言。」

透過表明彼此對某件事的定義不同來反駁對方，這裡的潛臺詞是：我們之間是不同的。

既然不同，那就「不相為謀」。

透過運用反問定義法，你不僅能夠揭露PUA背後含糊和主觀的評價，還能夠增強自主權。你不需要接受任何模糊、不準確、經不起推敲的評價，而是透過提問，具體化彼此的框架，保護自己的界線，維護自尊和自信。

追究原因法：揭露對方的潛在動機

追究原因法是一種透過詢問對方行為或言論背後的原因，以揭露其潛在動機和假設的反

PUA策略。

這種方法能夠幫助你深入了解對方的真實意圖，同時也為自己爭取時間和空間來做出更明智的決策。如果對方在對你PUA，這種方法還可以擾亂其邏輯。

實施追究原因法的時候，可以不斷地問「為什麼」，直到問到對方啞口無言；也可以為對方設定選項，讓對方從你給出的選項中選擇原因。在對方回答的過程中，你可以根據對方的回答充分思考，判斷對方到底是不是在PUA。

追究，基本上是一種科學嚴謹的態度。在正常的人際溝通中，追根究柢很多時候會顯得不禮貌，但面對PUA，「問到底」是一種有效的應對策略。

追究原因的常用問法如下：

「你為什麼要跟我說這些？」
「你為什麼要給我貼標籤？」
「你為什麼會想問這個問題？」
「這樣做對你有什麼好處？」
「對於我的事，你為什麼那麼有興趣呢？」
「你這麼說有什麼客觀依據？」

情境實戰

案例 1

對方：大家都在加班，都很辛苦，是一個整體。你應該有團隊意識，犧牲一點個人時間又算什麼呢？

回應：你為什麼認為我不加班就代表我沒有團隊意識？你為什麼要把團隊意識和加班聯繫在一起？

案例 2

對方：只有你能完成這個任務，團隊績效能不能達成就看你了。

回應：你為什麼認為只有我能完成這個任務呢？同事們也很優秀，團隊的績效需要大家共同努力，為什麼要壓在我一個人身上呢？

案例 3

對方：這是個緊急的案子，你必須做。我知道你已經很忙了，但這是你的責任。

回應：我也認為這個專案很緊急，但這是團隊的責任。你為什麼認為這是我一個人的責任？為什麼你不跟我一起做呢？

案例4
對方：你吃得太不健康了，你應該改變飲食習慣，跟我一樣吃健康的食物。
回應：你為什麼覺得我必須聽你的建議呢？你為什麼認為自己的建議一定正確呢？

案例5
對方：你為什麼總是跟他見面？
回應：你為什麼那麼在意我跟他見面？你是擔心我的安全，還是對我不信任？你是對我沒信心，還是對自己沒信心？

案例6
對方：你對我太重要了。沒有你，我的日子就過不下去了。
回應：感謝你的厚愛，但為什麼你會覺得沒有我就過不下去了？之前你也沒有我，為什麼就過得下去呢？

案例7
對方：這個消息我從來沒有跟任何人說過，我只跟你說。
回應：非常感謝你，不過我們認識也不久。為什麼你只跟我說，卻不跟別人說呢？你只

反PUA生存指南　　72

案例 8

跟我說的目的是什麼呢?

回應:你為什麼覺得習慣就一定是好的?為什麼別人這麼做,我們也要這麼做?

對方:這就是我們的習慣,大家都這麼做。

案例 9

回應:這筆班費究竟都用來做什麼,它為什麼對孩子的學習和成長那麼重要?

對方:我們學校的班費金額較高,但我們都是為了孩子的學習和成長。

案例 10

回應:你怎麼知道那個老人怎麼想的?你清楚當時的情況嗎?

對方:你上次在公車上都不讓座給老人,可見你一點同情心都沒有。

案例 11

回應:謝謝你的好心提醒,我想了解一下,你為什麼認為幾乎所有的投資標的都不賺

對方:現在還有幾個能賺錢的標的?你投別的只會賠錢,投資我們能讓你賺錢。

73　第 5 章　強力反擊——反 PUA 的六種常見說話技巧

案例 12

錢？你是如何得出這個結論的？

對方：大多數人都是人云亦云而買了那款商品，我還以為你是懂得獨立思考的。

回應：**你為什麼認為買那款商品就代表人云亦云？你為什麼覺得我沒經過獨立思考？**

追究原因法特別適合用於那些試圖透過施壓策略或含糊其辭來影響你決策的情境，可以幫助你保持自主意識和警覺。

使用追究原因法的時候，要注意先禮後兵。如果你不確定對方是否在PUA，可以先語氣緩和、禮貌客套地詢問對方，讓對方覺得你只是單純想知道答案。

有時候，對方會因為你問題太多或提出質疑而神情緊張、慌亂無措，也可能因為你追究柢而勃然大怒。這時候你要保持鎮定，不要被對方的情緒影響。可以平靜地說：「我只是因為有不明白的地方，在跟你探討問題，難道我沒有權利問問題嗎？還是你有什麼不想告訴我的？」

你可以透過追究原因法來「挑戰」對方的言論和行為，促使對方提供更多資訊，同時也給自己一個評估情況和做出最佳決策的機會。

照單全收法：以退為進，淡定應對

照單全收法是一種表面上表達同意、接受，實際上並不當一回事或不以為然的反PUA策略。採取這種方法的目的在於透過表面上的順從或示弱避免直接衝突。這種方法是嘴上肯定，心裡否定，用消極的肯定表達自己實際上不配合。使用這種方法的潛臺詞是：「你說得很好，明，應該聽得出來你在敷衍，可能會知難而退。如果對方夠聰下次別再說了。」

照單全收的常見說法如下：

「你想聽我說『好』嗎？我可以說給你聽。」

「如果你非要這麼想，我也無所謂。」

「哦，我知道了。還有別的事嗎？」

「你說得都對，可以了吧？」

「你什麼都對，那又怎麼樣呢？」

「每個人都有不擅長的東西，這很正常。」

「哦，我就是這樣的，怎麼了嗎？」

「我就是這樣的人，而且我覺得我這樣滿好的。」

「沒事，你隨便說，開心就好。」

75　第5章　強力反擊──反PUA的六種常見說話技巧

情境實戰

案例1
對方：你怎麼那麼笨，這點小事都做不好。
回應：我確實滿笨的，所以以後這麼難的事，別再交給我做了。

案例2
對方：我們是一個團隊，你不參加這次活動，是不是沒把大家放在眼裡？
回應：是的，我就是沒有把大家放在眼裡，我都是把大家放在心裡，所以我不想做表面工作。

案例3
對方：這個案子需要非常強的手腕，可能已經超出了你的能力範圍。
回應：哦，可能是吧，所以你還是把這個專案交給別人吧。

案例4
對方：只有那些能適應快速變化的人，才能在這裡取得成功；不適應變化的人，終將被淘汰。

反PUA生存指南　76

案例 5

回應：您說得太對了，不適合合理變化的人最終確實應該被淘汰。

案例 6

對方：你看人家某某，工作多賣力。你應該多向人家學習。

回應：**某某確實工作很賣力，我會向他學習的，我也會繼續做好自己該做的工作。**

對方：在這種情況下，我的前任會這樣做，你卻那樣做。我對前任已經沒有感情了，我希望跟你在一起，但似乎他比你更懂我。

回應：**也許你是對的，可能我確實沒有他懂你。**

案例 7

對方：愛應該是無條件的支持，你的行為讓我覺得你根本不懂愛。

回應：**是的，我確實不懂愛。**

案例 8

對方：沒事的，大多數人都害怕承諾，你可能也不例外。

第 5 章 強力反擊——反 PUA 的六種常見說話技巧

案例9

回應：沒錯，我正是大多數人。

對方：你看人家成績多好！你再看看你。

回應：是啊，他很優秀。我可能確實沒有他那麼優秀。

案例10

對方：猶豫就會錯失機會。你看那個人，他因為夠果斷而獲得高收益。

回應：確實，人生不就是這樣。總是有人得到，有人沒有得到。

案例11

對方：我們的商品是為有品味的人而生，不是每個人都能欣賞它的。

回應：**確實，我就沒有你說的那種品味。**

照單全收法特別適合應用在對方使用過度讚美、故意貶低或隱晦威脅時。當對方以為你會因為自尊、立場或名譽受到威脅而澄清或解釋時，你不這麼做，就有可能讓對方感到措手不及。

這種方法也可以為你在溝通中提供緩衝，讓你以退為進、以屈求伸、以守為攻。需要注意的是，照單全收法要謹慎、正確地使用，因為它可能會讓對方誤以為你真的認可其言行，或者對方可能會順著你這種接受的態度進一步PUA。

撤清關係法：獨立思考，劃清界線

如果對方說：「既然你覺得我說得對，那為什麼還不行動呢？」這時候，你可以用撤清關係法應對，你可以說：「你是你，我是我。你說得對，但不代表我要照著你說的做啊。」

「你是對的，但不代表我就是錯的。」

撤清關係法能讓你劃清自己與對方言論中假設或期望間的界線。目的是明確指出對方的言論、想法或行為與自己無關，或不應由自己承擔責任。

很多操控者會放大你的責任，把本不該歸責於你的事項讓你負責，例如他人的情緒反應、職場的責任歸屬等，或者強行把你和某件事聯繫在一起。這時候，你可以立即撤清自己與對方或相關事情的關係。撤清關係就是劃清界線。明確自己的邊界，也是在提醒對方不要越界。核心邏輯是：你說的只是你的想法，跟我有什麼關係呢？

撤清關係的常見說法如下：

「這件事跟我有什麼關係?」
「我沒有義務為你的想法負責。」
「你怎麼想與我何干?」
「這只是你的觀點而已。」
「這是你的理解,我可沒這麼說。」
「謝謝,我自己會做決定,就不勞煩您費心了。」
「感謝關心,不過這是我自己的事情,不需要跟你討論。」
「這是我的風格,妨礙到你了嗎?」
「我很清楚自己在做什麼,不需要你給我意見。」
「你有權利這麼想,我也有權利那麼做。」

情境實戰

案例 1

對方:如果這個案子失敗了,就是因為你不夠投入,你要為公司的損失負責。

回應:**失敗可能出於多種因素,包括一些我們都無法控制的外部條件,再說這個專案又不是我一個人做。我理解您的失望,但這顯然不能全部怪在我頭上。**

案例2

對方：如果你真的在乎團隊，就應該加班完成這個工作。

回應：**我是否在乎團隊，和我是否加班之間有什麼關係？**

案例3

對方：你很有潛力，我很看好你！這件事不用急⋯⋯那件事你還要等一等⋯⋯

回應：**謝謝你的好意，我願意聽取你的建議，但我的職涯還是由我自己來決定吧。**

案例4

對方：為什麼你總是讓我失望？

回應：**你感到失望，是因為你自己的期望。這跟我有什麼關係呢？**

案例5

對方：我為你付出了很多，放棄了很多，你至少也要⋯⋯

回應：**你的付出和放棄又不是我要求或強迫你的，你不能因為自己的主動選擇就對我道德綁架吧。**

81　第 5 章　強力反擊——反 PUA 的六種常見說話技巧

案例6
對方：你們是怎麼當父母的？這樣不行啊。
回應：**我們怎麼當父母是我們家的事，跟別人有什麼關係？**

案例7
對方：我們合作這麼久了，你只能給我這樣的價格嗎？
回應：感謝你之前對我工作的支持，但我有我的原則和底線。我也已經把我能給你的最大優惠告訴你了，再降價的話，我就賠錢了。

案例8
對方：我們認識這麼久了，我的為人你還不知道嗎？我都向你保證了，一定會還你錢，你怎麼不相信我呢？
回應：我相不相信你的為人和我要不要借你錢之間有什麼關係呢？就算我完全信任你，也不代表我一定要借錢給你吧。

案例9
對方：你是我們整個計畫的關鍵，必須今天就行動。

反PUA生存指南　82

回應：又不是我要求你讓我加入這個計畫的。

案例10

對方：時間很緊迫了，如果你現在不投資，就會錯過這一生最好的機會。

回應：你的緊迫感跟我有什麼關係？這是一個重要的決定，我需要更多時間來考慮。我要根據自己的節奏做決定。

案例11

對方：我們現在是在做公益，是幫助別人，你怎麼能不表示呢？

回應：我當然也希望為慈善事業盡一份力，但這不等於我就一定要這樣做。做公益的方式有很多，我為什麼一定要透過這個方式來做呢？

撇清關係法透過劃定界線、明確界線、維護界線，來強調屬於自己的自主權。想要有效地實施這種方法，需要具備一定的獨立思考能力。剛開始的時候可以保持禮貌、冷靜和尊重的態度，盡可能用善意的方式溝通，維護良好的人際關係。

如果你確認對方是PUA，還進一步跨越你已經設定好的邊界、想要操控你，這時候可以嚴詞以對。

83　第 5 章　強力反擊——反 PUA 的六種常見說話技巧

延伸推演法：藉邏輯漏洞轉守為攻

延伸推演法是根據對方的言論進行演繹推理，進一步推論、闡述其言論的意圖或後果，以此揭示其言論的不合理性或操控本質。有點像功夫中的太極推手，並非主動出擊，而是等對方「攻」過來的時候，順勢使力。

當對方試圖透過評價、質疑來PUA時，你可以利用對方的邏輯漏洞，反過來推導出對自己有利的結論。

當你開始進行延伸推演時，對方為了避免被誤解，常常會進一步對其言行做出解釋，這時候你再繼續延伸推演，可能會讓對方的意圖昭然若揭。

延伸推演的常見說法如下：

「如果按照你的邏輯，那⋯⋯」

「就算是這樣，那又怎麼樣呢？」

「你很懂的話，就請你做。你不做，又在這裡發表意見，是什麼意思？」

「你從來都沒試過，怎麼知道不行呢？」

「你知道自己在說什麼嗎？你的話能說服你自己嗎？」

「我聽完你說的，覺得你的話好像沒有說服力。」

情境實戰

案例 1

對方：你現在不適合休假。你休假了,你的工作怎麼辦呢?

回應：按照您的說法,我如果休假,工作是不是就開天窗了?公司是不是就關門了?

案例 2

對方：優秀的管理者,應該能夠獨立處理各類難題。

回應：既然是優秀的管理者,就沒必要追求獨立處理難題吧?把團隊聚在一起面對難題不是更好嗎?

案例 3

對方：你不聽我的意見,表示你不懂團隊合作,沒有團隊精神。

回應：所以您的意思是,團隊合作意味著必須在所有事情上都聽您的,對嗎?所以提出不同意見不是在幫助團隊避免盲點、做出更好的決策,而是不懂團隊合作?

案例 4

對方：你都不關心我的需求,只關心自己。我覺得你太自私了。

回應：你的意思是，關心自己的需求就等於自私嗎？你說我自私，是因為你的需求沒有得到滿足，那我能不能說你也是自私的呢？

案例5

對方：一個真正愛我的人是不會這樣做的。

回應：一個真正愛我的人也不會對我說這種話。一個因為小事而輕易評斷伴侶的人，可能很偏激。

案例6

對方：你給孩子吃這個嗎？這沒有營養，對孩子身體不好。

回應：你想說的是你比我更在乎我的孩子嗎？還是想表達我在故意傷害我自己的孩子？

案例7

對方：我們的傳統就是這樣，大家都是這麼做，也都過得好好的。你有什麼不適應的？

回應：大家都這樣做，我就也要這樣做，不能不適應嗎？就算是不好的事，我也要跟著做嗎？

反PUA生存指南　86

案例8

對方：你陪伴孩子的時間太少了，你看某某，他每天都陪孩子至少四小時。

回應：陪孩子的時間長就是好父母嗎？你知道某某是怎麼陪孩子的嗎？

案例9

對方：你如果是個有義氣的人，今天就把錢借給我。

回應：借你錢就是有義氣，不借就是沒義氣。你是把我當朋友，還是單純想借錢？

案例10

對方：這個千載難逢的好機會，每個人都在搶，錯過了你會後悔的。

回應：你的意思是，每個人都在搶的機會就一定是好機會嗎？

案例11

對方：你如果再使用某某產品，你和家人的健康就有可能出問題。想要讓你和家人都更健康，就得換成使用我們的商品。

回應：按照你的說法，所有使用那個產品的人都會受害，那現在醫院不是應該人滿為患了嗎？你們的商品那麼好，理應人盡皆知才對，怎麼我和周圍的朋友從沒聽說過呢？

案例 12

對方：我知道你現在可能覺得不需要，但是你想想我之前跟你推薦過的東西，是不是長期來看都對你有益？所以你就放心購買吧。

回應：**如果每個對我有益的東西我都要買，那我要買多少東西呢？**

使用延伸推演法需要一定的邏輯推理能力，要快速找到對方的邏輯漏洞，順著對方的話一步一步往下推理。這個方法有助於你釐清思路，判斷對方到底是不是在PUA，或發現對方PUA策略背後的話術。

反向PUA法：用對方的策略打敗對方

反向PUA法是一種用PUA的策略來反向應對PUA的方法，可揭露對方言行的不合理性或操控本質，並保護自己不受其影響。

這種方法需要機智的反應，目的在於透過反向操作、言語暗示或指出矛盾，使對方意識到其言行的不合理和不公正之處，控制對話的主動權，也就是武俠小說中的「斗轉星移」、「以彼之道，還施彼身」。可以用與對方不同的PUA策略，也可以用與對方完全相同的PUA策略。只要能拿回主動權，讓自己化被動為主動，都是可行的。

反PUA生存指南　88

反向PUA的常見說法如下：

「很抱歉，你這樣傷害了我。」

「僅僅因為⋯⋯你就可以這樣對我嗎？」

「你看問題的角度真特別，你總是這麼與眾不同。」

「我不像你那麼厲害，會未卜先知。」

「我沒你聰明，你教我一下吧。」

「我太幼稚了，幸虧有你在，所以這件事你來做吧。」

「哇，你真的滿強的，那你來負責吧。」

「我只是說出我的想法罷了，選擇權在你。不過你應該知道什麼對你好。」

情境實戰

案例1

對方：如果你無法完成這個目標，表示你不適合這個職位。

回應：**如果這是您的標準，那我覺得這裡不是個健康的工作環境，可能不適合我。**

案例2

對方：你最近表現得不是很努力，我覺得你可以做得更好。

回應：謝謝您的提醒。我內心是非常想做好工作的，也許是因為我加太多班太累了，才導致工作效率低。我如果先休假三天可以嗎？

案例3

對方：優秀的人才懂得和團隊成員合作，但你好像更喜歡單打獨鬥。

回應：如果團隊合作能提高效率並拿到高報酬，誰會拒絕呢？但如果一個人做事效率和收益更高，那就只好什麼都自己做了。

案例4

對方：如果你真的愛我，你就應該按照我說的做。

回應：難道愛就是要無條件服從嗎？如果早知道你這麼定義愛，或許我會重新考慮我們的關係。

案例5

對方：如果你走出這道門，那我們的關係就到此結束了。

回應：如果你因為我走出這道門就覺得我們的關係應該結束，那我覺得你不是真的愛我，你只是想傷害我。

反PUA生存指南　90

案例6

對方：我今天晚回來是因為遇到一個很棒的朋友。我們聊了很久，順便一起吃了飯。

回應：哦，沒關係，正好接下來我也有個好朋友要來玩，我會帶他去走走。

案例7

對方：只有傻瓜才會錯過這次合作的機會。

回應：你這麼聰明的人，怎麼會有這麼極端的想法呢？

案例8

對方：你不能把這個案子的事告訴別人，這是我們之間的祕密。

回應：放心，我誰都不會說。我這麼相信你，你最好不要騙我。我如果發現你說的事是一場騙局，我會非常傷心，萬一做出傻事就不好了。

案例9

對方：投資這個標的不僅能賺錢，還能造福全人類。

回應：是嗎？可是我只想造福全人類。你人這麼好，怎麼還想賺錢的事呢？我還是直接把錢捐給慈善機構吧。

91　第5章　強力反擊──反PUA的六種常見說話技巧

案例10

對方：大家都在買這款商品，你現在不買，一定會後悔的。

回應：你身為這款商品的銷售人員，說話這麼不客觀，這讓我十分懷疑這款商品究竟好不好。

案例11

對方：這個價格只有現在有，過了今天，你就再也享受不到這個價格了。

回應：沒關係，這個價格還是高於我的預期，我今天不會買。如果將來有比這個更低的價格，再請你聯繫我。

案例12

對方：這是限定款，賣完就沒了，這是最後一件。

回應：哦，我喜歡的是經典款，大家都認識，也都知道怎麼辨別真偽。

注意，反向PUA法的關鍵字是「反向」應對，而不是「PUA」。畢竟，PUA暗含著惡意控制的潛臺詞。「積善之家，必有餘慶；積不善之家，必有餘殃。」

第 6 章 修復創傷——走出ＰＵＡ操控陰影

除了可能讓人遭受財務損失，ＰＵＡ的可恨之處還在於可能導致受控者出現情感或心理創傷。從ＰＵＡ的影響中恢復既是一個克服過去傷害的過程，更是一段自我成長和發現的旅程。在這個過程當中，你可以發現自己更強大、更完整的一面，學會接納自己，成為更好的自己。

重建自尊：恢復自我價值感

想要從ＰＵＡ的負面影響中恢復，首先必須及時停損，堅定地與傷害你的人劃清界線；其次要重建自尊心和自我價值感。這個過程剛開始也許會比較艱難，但藉由一些具體策略和行動，你可以逐步重塑自我認知，恢復內在的力量和自信。

一、給自己設置一個生活小目標

這些目標最好符合SMART原則，即具體的（Specific）、量化的（Measurable）、可達成的（Attainable）、與自己相關或對自己有益（Relevant）、有時間限制（Time-bound）這五個原則，同時又不會讓你感到壓力太大。例如：

- 每天寫日記。
- 每天讀書三十分鐘。
- 每天寫下三件感謝的事。
- 每週至少運動三次。
- 每週做一天的志工。
- 每個月學會烹飪四道新的料理。
- 每季學會一項自己感興趣的技能。
- 用半年時間學習一門外語。
- 用一年時間學會並考取一個對自己職涯發展有益的證書。
- 為房間做一次小小的升級改造。
- 規劃和執行一次到某地的自駕旅行。
- 學習基本的自我防衛技能。

- 改善一個生活習慣，比如少喝咖啡或早睡。

別只是說說而已，制定出小目標後，就要讓自己行動起來。每完成一個小目標，都有助於你改變對自己的看法，這些成功經歷還會累積你的自信，讓你更加相信自己的能力。

二、投入到自己喜歡的活動中

如果不想讓自己有任何壓力，可以將時間和精力投入到你喜歡的活動中。這些活動最好能讓你感覺到放鬆或享受。

如果你沒有興趣愛好，可以藉此機會培養一個興趣愛好。這樣既能讓自己從PUA的影響中恢復，又對自己有益。例如：

- **瑜伽**：透過體位練習和呼吸控制來平衡身心。
- **園藝**：接觸大自然，培養生命力。
- **繪畫**：透過色彩和線條表達內心世界。
- **攝影**：捕捉生活中的美好瞬間，培養觀察力。
- **烘焙**：學習製作麵包糕點等，享受成果的同時也是一種放鬆。
- **料理**：探索不同文化的料理，拓展味覺。

- **陶藝**：透過捏塑泥土，發現創造的樂趣。
- **寫作**：無論是寫日記、故事還是詩歌，寫作能夠幫助你表達自己的情感。
- **程式設計**：不僅能增強邏輯思考能力，還可能開啟新的職業道路。
- **舞蹈**：透過舞蹈來表達自己，同時也是一種很好的體能訓練。
- **游泳**：放鬆心情的同時鍛鍊身體。
- **樂器**：學習吉他、鋼琴等樂器，享受音樂帶來的樂趣。
- **製作模型**：如拼裝模型飛機或汽車，培養耐心和專注力。
- **書法**：練習靜心也享受文字之美。

這些活動可以幫助你從內心深處找回快樂和滿足感，不僅提供樂趣，也可以放鬆心情，還能讓你與自我連接，感受到自己的價值。讓自己全心投入，真正享受在這些有益的活動中，你會發現，你的開心快樂可以不必基於外部評價或別人的看法。

三、做一些能為自己帶來正能量的事

除了生活小目標和興趣愛好之外，其實生活中還有很多有益身心的小事。多做這些小事，可以讓自己充滿正能量。例如：

- 泡個熱水澡或泡溫泉,讓熱水多沖刷一下自己,洗去一身的疲憊。
- 每天起床後對著鏡子說些鼓勵自己的話,比如「我值得被愛」。
- 到戶外晒晒太陽,光腳踩在草地上,抱一抱大樹,聞一聞花香,看一看動物。
- 到戶外露營,抬頭看看天空;踩在鵝卵石上,感受溪水的流動。
- 找幾個正能量滿滿的朋友,和他們一起聊天、旅行,感受朋友的正向。
- 回家探望自己的長輩,抱一抱親戚家的小朋友。
- 來一次大掃除,扔掉那些勾起不好回憶的東西,或對自己沒用的東西。
- 換個新髮型。
- 買些新衣服,試試新穿搭,嘗試一個自己沒試過的新造型。
- 把不穿的、沒用的衣物捐贈出去。

做這些小事時,要集中注意力。在一段時間內,只專心做一件事。

每個人都有強項和弱項,都有優點和缺點。接受自己的弱點,理性看待自己過去的錯誤,學會接納自己的不完美,你能重新發現自己的力量和光芒。

人的成長本身就是一個不斷犯錯、不斷學習的過程。看清楚自己,給自己一些時間,相信每一步都在向著更好的自我邁進,你終將變成更好的自己。

97　第 6 章　修復創傷——走出 PUA 操控陰影

健康邊界：用拒絕制止干擾

重建自尊心、產生自我價值感後，接下來要鍛鍊自己對PUA的防禦力，建立健康的人際邊界，讓自己從PUA的影響中恢復。

要建構這樣的能力，就要學會堅定地說「不」。拒絕那些可能對我們造成傷害的人和事，這也是維護邊界必須做的事。學會說「不」，是內心強大的開始。

說「不」並不是件容易的事，它需要勇氣、自信，以及對個人界線的清楚認知。很多人因為不想引起衝突或不想讓別人失望，而違背自己的意願，實際上是在犧牲自己的感受和需求。長時間累積起內心的不滿和壓力，使人更容易再次受到PUA的影響。

一、從小事做起

很多人在大是大非面前懂得說「不」，但在很多生活小事當中是說不出口的。學會說「不」，要從生活中點點滴滴的小事做起。懂得拒絕生活中的一些小事，在面對更重大的決定時，才能夠更有信心地維護自己的界線。

例如，當朋友邀請你參與你不感興趣的活動時，可以試著禮貌地拒絕；或當有人請你幫忙，而你實在抽不出時間或精力時，也可以試著婉謝對方。

禮貌地拒絕有一些策略可循，例如事先為自己想一些拒絕的理由：

反PUA生存指南　98

「非常感謝你的邀請，但我這段時間真的很忙，無法參加。」

「太好了，我也很想參與。但因為健康原因，只能拒絕了。」

「我真的很榮幸，但不得不說，我現在因為家庭因素不能承擔這個任務。」

「這聽起來是個很好的機會，但很遺憾，我必須先處理一些其他的事情。」

「謝謝你的提議，但我現在需要優先考慮我的狀況。」

「我很尊重你的提議，但經過深思熟慮，我決定婉謝。」

每次成功拒絕別人後，花點時間反思這對你來說有什麼益處。也許你會發現自己有更多的精力去做自己真正關心的事情，這將進一步增強你拒絕別人的決心和自信心。

很多人在剛開始說「不」的時候，會感到內疚或自責。這時候要認知到，設立界線是健康關係的基礎，支配自己的時間和精力是每個人的權利。每次感到內疚時，提醒自己：你的感受和需求同樣重要。為了鼓勵自己，你可以在每次成功地說「不」後，給自己一點獎勵或小小的認可。

二、明確表達拒絕

拒絕可以委婉，但要清楚。有的人為了減少矛盾或衝突，選擇過於婉轉地表達。然而表意不明，讓對方誤解了自己的意圖，留下了讓對方覺得可以迴旋的餘地。

在拒絕對方的時候，要注意用詞明確、直接。首先，拒絕對方的詞彙要精確，避免使用可能讓人誤解你的模糊語言。例如避免使用「也許」、「可能」這類詞彙，因為這會讓人覺得你還沒有想好，還有商量的餘地。相反的，可以使用「一定」、「肯定」、「必須」這類詞語，清晰地表達你的決定已經過深思熟慮，不用再商量了。

其次，保持語氣禮貌的同時，要讓對方感受到堅定。維持平和且禮貌的語氣有助於減少對方的防禦反應。然而，語氣也需要足夠堅定，以傳達你的決定不容更改。

另外，你其實不需要過多的解釋。簡短的解釋有助於對方理解你的立場，長篇大論的解釋可能會削弱你的拒絕態度，讓對方認為有改變的空間。而且，過多的解釋也可能讓對方發現你的破綻，這會讓你陷入不必要的來回和辯解中。你可以多練習用一、兩句話來拒絕，讓習慣成自然。

即使你已經明確且禮貌地表達了你的拒絕，對方可能仍會感到失望或不理解。這時候要保持冷靜。如果需要，可以重申你的立場，但無須進一步說明細節或辯解。

三、堅定維護界線

不論是私人生活還是工作場合，堅定地表達自己的界線，不拖泥帶水地拒絕，是尊重自己的表現，也是尊重別人的表現。

每一次你勇敢地表達自己的界線，實際上都是在向自己和他人宣告你的需求和感受很重

要。這個過程可能並不容易，尤其是當外界對你的決定提出質疑，或向你施加壓力時。但回歸到對自我價值的認識上，你要學會對自己負責，而不是只滿足別人的期望。

界線可以保護你免受心理傷害，幫助你保持人格獨立、完整，維護你的自尊心，是健康人際關係的基石。不自卑、不自傲、不盲從，積極的心態就是最好的狀態。允許有人不喜歡你，尊重那些不喜歡你的人，但行善問心無愧，剩下的交給時間。

透過這些方法，你將培養出說「不」的能力，保護自己免於不必要的干擾和傷害。說「不」並非意味著你是一個不願意幫助別人的人，而是你在尊重自己的同時，也告訴周圍的人應該尊重你。隨著時間的推移，你會發現自己在維護個人界線方面變得更加自然、自信和堅定。

支持系統：重建社交自信心

人可以被一些人傷害，也可以被另一些人治癒。有的人會把你推入火坑，也有的人會把你從火坑裡拉出來。

從PUA的影響中恢復時，願意支持你的夥伴能夠成為你極其寶貴的資源，成為你的支援系統。這些夥伴可以提供情感的慰藉、實際的建議，以及最重要的，他們能夠讓你走出PUA的影響，回到健康的人際關係中。

一、開放的溝通

把心裡的苦悶全部說出來,你會發現痛苦可能已經少了一半。找出身邊讓你信任、與之交談讓你感到舒適的人,這些人應該願意傾聽你的想法和感受、無條件支持你。

患難見真情,在你曾經困難的時候,給過你支持和幫助的人通常比較可靠。分享經歷的過程可以幫助你釐清思路,讓你看清楚自己正在經歷什麼,加深你對PUA的理解,也可以讓你獲得更有效的支援。

如果你發現某個人特別理解自己或能夠幫助自己走出陰霾,可以多和這個人接觸;如果你發現某種溝通方式特別適合自己,可以多採用這種方式溝通。

對於那些給予你支持和理解的人,別忘了表達你的感激之情。就算對方說的話你不完全同意,也要保持開放和尊重的態度。

二、參與社交和團體活動

積極參與社交活動可以幫助你改善情緒,讓你走出PUA的陰霾,重建對人際關係的信

任。在這過程中，你有機會重新連接社會、加入社群，探索和重燃個人興趣。

試試加入一些運動社群，例如跑步團體、球類團體。運動不僅有助於促進身體健康，還能改善情緒和增強自信心。

團體類的運動能讓你在保持活力的同時結識志同道合的人。共同的活動目標和團隊精神有助於建立新的友誼，同時提供一個積極的社交環境。透過參加團體活動，你可以逐漸建立起屬於自己的社交圈。也許剛開始的時候會有些困難，但只要保持開放和積極的態度，主動參與，總能找到新的朋友。

你也可以試試做一些志工服務，這會讓你感受到，自己的行為是有意義的，幫助你從自我中心的思考模式中解脫出來。用溫暖回饋社會，你也能感受到社會的溫暖。

參與這些活動既是社交的過程，也是自我發現和重建的旅程。在走出PUA的陰影後，重新定義自我、發現新的興趣，以及建立支持性的人際關係，都對恢復正常生活至關重要。

讓自己沉浸在積極的活動和環境中，可以幫助你重塑自我認同，找回生活的方向和意義。走出自我封閉的迴圈後，每一步都是向前的；每一個新朋友或新興趣，都是你揮別過去、邁向未來的重要一環。

三、尋找專業支持

必要的時候，可以尋求心理師、精神科醫師等專業人士的幫助。一些專注於解決心靈創

傷的個人或機構說不定也能幫到你。甚至網路社群上會有針對不同情況的「受害者聯盟」，可以為那些受到類似傷害的人提供一個友好的環境，讓成員能夠分享自己的故事、感受，走上恢復的過程。

一旦找到適合你的團體，建議你主動參與，積極地去參加活動。雖然一開始你可能會感到害羞或不安，但團體中的其他成員可能有著與你類似的經歷，你的分享可以幫助自己反思，也可以給予其他成員安慰和希望。傾聽團體成員的經驗和感受，你會發現他們的故事能讓你產生共鳴，或者他們的恢復之路能給你靈感。

在團體中，試著與自己合得來的人成為朋友。一方面可以幫助你積極參與活動，另一方面也可以讓這個朋友成為你生活的支柱。即使你開始感到心情好轉或者完全恢復，也可以繼續參與團體活動。藉由幫助別人，你也可以獲得成長。

經過前面的三步驟，你已經建立起屬於自己的支援系統了。隨著時間的流逝和個人成長的需要，這個支援系統的構成和功能也需要相應地調整和擴展。

你可以定期反思自己的支援系統是否能夠滿足自己當前的需求。當你的心情持續恢復，你的需求可能會發生變化，你的支援系統也需要相應地改變。

隨著時間的推移，一些關係可能會變得更加重要，其他的關係則可能不再那麼符合你的需求。透過維護和適時擴展你的支援系統，你可以確保身邊總是有能幫到自己的人。透過培養這樣一個多元化的支援系統，便能夠得到必要的支持和鼓勵，也能夠重新發現社交的樂趣

反PUA生存指南　104

和人際關係的價值。

人是社會型動物,你不需要一個人扛下所有。建立好自己的支援系統,擁有和自己共進退的夥伴,你會發現,自己並不孤單。

第 3 部

反職場 PUA

　　職場是 PUA 的「重災區」,很多職場工作者為了達成有利於己的目的,每天周旋暗算,想方設法 PUA 別人。

　　職場中的 PUA 通常分成三類,分別是上司對下屬的 PUA,同事之間的 PUA,以及下屬對上司的 PUA。

第 7 章 上司對下屬

職場中，上司PUA下屬比較常見的情境有六，分別是上司威逼利誘下屬加班，且可能不支付下屬加班費；有了功勞歸上司，失敗時卻把責任推給下屬；上司威脅下屬的職位不保；上司對下屬「畫大餅」、開空頭支票；上司不明說任務要求和工作標準，或朝令夕改，以便任意貶低下屬；上司明明專業能力不如下屬，卻非要向下屬展現權威。

捍衛休息權益：反「以各種形式要求加班」

有些上司打著追求高績效的名義，經常透過明示或暗示強制下屬加班；有些上司設置下屬無法完成的目標，讓下屬疲於奔命，被迫加班；有的公司在員工加班後不支付加班費，導致員工承受極大的壓力和不公平待遇。

常見情境

- **臨時增加任務**：上司在下班前突然分配大量緊急任務給下屬，理由是客戶有需求，暗示如果不能完成就是下屬工作態度有問題。

- **強調加班文化**：上司透過言詞暗示或直接表揚那些經常加班的員工，使不加班成為一種不合群的行為。

- **模糊工作範圍**：上司故意將員工的工作範圍設定得模糊不清，以便任何時候都可以要求員工做超出職責範圍的工作，導致加班成為常態。

- **先拖延後著急**：本來可以按時完成的工作，上司卻藉故拖延，導致工作累積，在最後關頭急躁地要求下屬加班趕工，以按期完成。

應對策略

面對上司不合理的加班要求，下屬可以先明確工作時間，合理拒絕，與上司保持友好的溝通交流，也要記錄自己的工時，學習相關法律法規，必要時尋求外部支持。

- **明確工作時間**：提前與上司或人力資源部門溝通，了解工作時間和加班政策，確保自己的權益得到保障。

- **合理拒絕**：在不影響工作品質和公司利益的前提下，學會合理拒絕超出自己能力或時

間範圍的加班要求。

- **保持友好溝通**：與上司保持開放友好的溝通，說明自身情況，表達自己的困難與限度，嘗試尋找更合理的工作安排和解決方案。
- **記錄工時**：詳細記錄自己的工作時間和加班情況，特別是完成的任務和投入的時間，以便在需要時作為證據。
- **學習相關法律法規**：了解勞動基準法中關於加班和加班費的規定，必要時尋求法律援助，維護自己的合法權益。
- **尋求外部支持**：如果個人溝通無效，可以尋求同事的支援，或者向人力資源部門、工會、前輩尋求幫助，以共同應對不合理的加班要求。

典型話術

案例1

上司：（週五下班前發派任務）週一早上我們要去見大客戶，這個方案將決定是否能將大客戶拿下。週末請你好好準備。

回應：**謝謝您栽培我，不過不好意思，我週末已經有安排事情，實在沒有足夠時間準備。就算都不睡覺，趕出來的效果也不會好。我可以週一早點上班來做。**

一、解析：首先表示感謝，以合理的理由拒絕，再提出一個自己能接受的方案。

反PUA生存指南　110

案例2

上司：下班也可以用手機順手處理一下吧？有什麼好計較？這種情況根本就不算加班。

回應：如果是臨時幫公司應急當然是可以的，但下班後還要處理工作就算加班，您要是不確定，可以向勞動部確認一下？

解析：說出上司的事實錯誤，而且透露你知道如何合法保護自己的權益，讓上司知難而退。

案例3

上司：年輕人要多吃苦。年輕時吃苦，老了才能享福。

回應：確實，我也認為年輕人應該多吃苦，但年輕人不能為了吃苦而吃苦，也得搞清楚吃苦是為了什麼。如果吃苦之後能讓自己成長，那確實應該吃苦。但如果吃苦後什麼也得不到，怎麼享福呢？

解析：拆解上司的邏輯錯誤。

案例4

上司：不就只是幾天要提早一點來嗎？

回應：加班不是不可以，但也要看狀況，這已經是我這個月第三次無償加班了。我來應

徵的時候,並不知道這個職位需要做義工。

解析:指出當前的問題是加班,而且沒有加班費。

案例5

上司:我生孩子前一晚還在公司做簡報,你們現在做的這點工作算什麼。

回應:您太優秀了,能力愈大,責任愈大,所以您能升遷。我沒辦法跟您比,只能盡力而為。

解析:上司透過自己的功績來貶低你,希望勾起你的勝負欲。你也可以順勢抬舉上司,貶低自己,從而拒絕額外工作。

案例6

上司:把這些工作做完再下班!

回應:對不起,現在已經遠遠超過下班時間。我家裡還有事,必須要走了。

解析:上司逼迫或強壓你加班,如果你不想加班,可以直截了當地說明理由離開。你也可以向有關單位反映問題,而且你永遠可以用法律保護自己。

反PUA 生存指南　112

保障公正評價：反「沒功勞卻為失敗背鍋」

職場中，常會遇到這種情況：有功時，主管強調自己對團隊的價值，讓部下覺得自己可有可無，弱化下屬的用心；有過時，主管強調部下執行不力，挑部下的毛病，讓下屬覺得錯在自己、自我否定。

常見情境

- **功勞歸於自己**：有了工作成果後，主管在向高層報告時，只強調自己的領導作用，不提團隊成員的辛苦付出和貢獻。
- **缺乏公正評價**：在績效評估中，上司只提及自己的正面貢獻，將所有不利的情況都與推給下屬。
- **逃避管理責任**：面對客戶或高層的質疑時，上司為了保全自己，不惜犧牲下屬的利益，將問題全部歸咎於下屬。

應對策略

面對上司一遇到問題就推卸責任的情況，要注意保留與上司的溝通紀錄，平時主動報告工作，一有機會就向更多人展示自己。有時候同事可以幫到你，有時候具備監查職責的部門

第 7 章 上司對下屬

也可以幫到你。

- **留好溝通紀錄**：日常工作中盡量保留好與上司的溝通紀錄，例如電子郵件、聊天紀錄、通話錄音等。
- **主動報告工作**：定期向上司、客戶或相關單位報告工作進展和成果，確保自己的貢獻被更多人看到。這不僅可以增加工作透明度，還可以在問題出現時有據可依。
- **抓住展示機會**：在有高層參與的會議上，主動展示自己的工作成果和為團隊工作做出的貢獻。
- **尋求橫向支持**：與同事建立良好的關係，互相支援和認可對方的工作。面對不公平待遇時，同事之間的相互支持可以形成更有力的聲音。
- **尋求外部幫助**：當上司的行為嚴重影響工作環境和個人權益時，可以向人力資源部門、風險控管部門等具備監督檢查職責的部門反映情況，尋求解決途徑。

典型話術

案例 1

上司：今年業績差，團隊的績效都被你耽誤了。

回應一：**如果我對團隊來說那麼重要，為什麼我只是個普通員工呢？**

- 解析：用延伸推演法指出上司的邏輯問題。
- 回應二：**按照這個邏輯，以前團隊績效好的時候，功勞應該全是我的囉？**
- 解析：同樣用延伸推演法指出上司的邏輯問題。
- 回應三：**我們團隊的一切成果，不都是您的帶領嗎？**
- 解析：直接指出上司的事實錯誤。

案例2

上司：團隊的工作沒做好，一切都是因為你。
- 回應一：**「一切」是指那些問題？是否要一條條仔細說明呢？**
- 解析：用反問定義法進行具體的討論。
- 回應二：**您說得好像團隊的工作全都是我一個人做的。如果是那樣，還要團隊其他人做什麼呢？**
- 解析：用延伸推演法指出上司的邏輯問題。

115　第 7 章　上司對下屬

回應三：團隊業績不好，我確實要負擔部分責任，但如果把全部責任都倒在我頭上，我可承擔不起。

■ 解析：講清楚事實。

案例3

上司：現在的失敗全部都是因為你的工作失誤。

■ 解析：直接指出上司的指揮責任。
回應一：我是完全按照您的要求做的呀，為什麼變成我的工作失誤了？

■ 解析：直接指出上司的錯誤評價。
回應二：有失誤我認，但我沒有失誤硬說我失誤，這不是我的責任。

■ 解析：要求上司證明自己的判斷。
回應三：如果我有失誤，我可以負責，但僅限於我的失誤本身。您說全是因為我的工作失誤導致失敗，請您拿出客觀證據。

反PUA生存指南　116

案例 4

上司：我們團隊今年專案做得不錯，這都是因為有我在！

回應：**您真的是關鍵的靈魂人物。以後的工作，請您多多承擔了。**

解析：上司既然不承認下屬的貢獻和價值，把所有功勞都說成是自己的，那就把更多的工作和責任推給上司。

應對職涯威脅：反「暗示不努力會被取代」

為了激勵下屬加倍努力工作，或讓下屬服從自己，上司可能會刻意製造職涯威脅，讓下屬產生焦慮、恐懼、緊迫感和危機感。換句話說，就是本來沒有危機，上司硬要把職場說得危機四伏，故意讓下屬惴惴不安。

常見情境

- **績效回饋暗示：** 在個人績效評估中或者在一對一的談話中，上司暗示如果下屬不提升當前的工作表現，他很容易找到替代者。

- **警告全體成員：** 上司對所有成員說，市場上有很多優秀人才，他們可能薪資水準要求

117　第 7 章　上司對下屬

- **工作分配威脅**：在分配工作任務時,上司暗示下屬只能透過這次機會證明自己,否則公司可能會考慮換人。
- **比較產生壓力**：上司講述某同事的優秀和努力,暗示下屬如果不努力跟上,可能得不到應有的回報,甚至被淘汰。

應對策略

面對職涯威脅,先要保持冷靜專業的態度,嘗試尋求明確的回饋,記錄下溝通內容。平時要注意持續提升自己,建構好自己的人際關係網,有備無患。

- **保持冷靜專業的態度**：不要讓上司的威脅影響到自己的情緒和工作表現。
- **尋求明確回饋**：向上司尋求具體和明確的工作表現回饋,了解需要改進的地方,而不是僅因為一種模糊的威脅而感到焦慮。
- **記錄溝通內容**：如果上司的威脅過於頻繁或不合理,可以考慮向公司內部管道申訴或向人資部門溝通,並記錄下所有相關的交流內容。
- **持續提升自我**：利用業餘時間提升自己的技能和知識水準,增強自己的職場競爭力和價值,這樣就算不做當前的工作,也可以找到更好的。

- **建構人際關係網**：建構和維護自己的職涯人際關係，這樣即使真的面臨被取代的情況，也能有更多的職涯機會和選擇。

典型話術

案例1

上司：你看看人家某某，那麼優秀，你要學著點。聽說公司最近要裁員，一定會先裁掉那些不夠優秀的人。

解析：暗示你知道自己很優秀，不怕上司的威脅。

回應一：**如果公司裁員的標準是先裁掉那些不夠優秀的人，那我應該是安全的。**

解析：暗示自己實際上很優秀，是上司故意不承認或不認可自己的優秀，同時暗示自己不吃這一套。

回應二：**謝謝您的提醒，我很清楚自己是否優秀，至於別人覺得如何，這個我也控制不了。如果公司真的先把我裁掉了，那只能說這是公司的損失。**

案例2

上司：又到畢業季了，這麼多優秀新人湧入市場，你難道沒有一點危機感嗎？

優秀新人投履歷

回應：哦，我不擔心，優秀畢業生確實很多，但就我們公司這薪資水準，恐怕很難吸引優秀新人投履歷。

解析：暗示自己沒有因為公司的薪資水準低而離開，還留在這裡工作，已經是為公司貢獻了。

案例3

上司：最近收到很多優秀人才的履歷，你再不努力工作，職位可能不保。

回應：大家都是雙向選擇。優秀人才很多，但大家找工作都是海投履歷。就我們公司這待遇，優秀人才最終願不願意來，還不一定呢。

解析：指出公司收到的履歷多的原因，暗示履歷多沒用，強調招聘是雙向選擇，公司不一定能招到人才。

案例4

上司：你再不努力工作，早晚會被優秀人才取代。

回應：我走了不要緊，反正還能再找別的工作，說不定待遇比現在還好呢。

解析：直接說明自己不怕威脅。

反PUA生存指南　120

案例5

上司：你是不是不想在這裡工作了？

回應一：這是您的想法，我從來沒這麼說。如果您想聽到的答案是「是的」，我也可以這麼回應您。

解析：撇清關係，說明這只是對方的猜測。

回應二：既然您都看出來我對薪水的不滿了，那您要不要給我加薪呢？

解析：延伸推演，扭轉局勢，讓情況轉向有利於自己的一面。

案例6

上司：能做就做，不能做就盡早離開，別天天占著辦公室位置不產出。

回應：公司如果對我不滿意，可以支付資遣費後辭掉我，您再另請高明。我沒有做錯什麼，不會主動辭職。

解析：上司企圖透過諷刺、挖苦、謾罵等方式逼走你。如果你沒有做錯什麼，不必理會；如果上司管理不當或惡語相向，可以在不涉及機密的情況下錄音或錄影，為自己留下證據以維護權益。

拒絕發展誘餌：反「開空頭支票和畫大餅」

有些上司以開空頭支票或「畫大餅」的方式吊著下屬的胃口，利用下屬對未來職涯發展的期望，讓他們努力工作和無私奉獻，從而達到自己的目的。

常見情境

- **升遷承諾**：上司承諾在下一次績效評估時會考慮給下屬升遷機會，卻從不在正式的績效評估中提及或記錄這個承諾。
- **獎金激勵**：上司承諾某項任務做得成功，團隊成員將獲得豐厚的獎金，但這種承諾只是口頭的，從未被書面化，而且獎金的金額也不具體。
- **工作機遇**：上司暗示，加入某個重點專案或承擔外務將大幅增加下屬在公司內的曝光度，加速晉升，儘管這些「機遇」對下屬的實際發展幫助有限。
- **環境改善**：上司承諾等專案上軌道之後，工作的環境或壓力將會得到改善，鼓勵下屬「再忍一忍」，但實際上改善的可能性微乎其微。

應對策略

面對上司開空頭支票和「畫大餅」，先要求上司明確承諾，然後設定個人的職涯目標和

反 PUA 生存指南　　122

界線，保留證據，評估自我能耐，以及適時探索外部機會，最大限度地保護自己的職涯發展不受影響。

- **明確承諾**：對於任何形式的承諾，都要求上司進行具體、明確、書面化的確認。如果是升遷或加薪，詢問具體的評估時間和評估標準。
- **設定目標和界線**：訂定自己願意為目標付出的心力和時間，不要讓模糊的承諾導致自己無休止地加班或犧牲個人時間。
- **保留證據**：保留所有相關的郵件、會議紀錄和溝通訊息等資料，將其作為未來可能需要採取自保行動時的證據。
- **評估自我能耐**：定期評估自己的職涯目標與當前職位的契合度。如果承諾長期未兌現，考慮是否需要調整自己的職涯規劃。
- **探索外部機會**：不要完全依賴上司的承諾，可以積極探索職涯發展的其他可能性，包括外面的機會。

典型話術
案例 1

上司：努力工作，以後就可以升遷加薪。

回應一:好的。好奇地問一句,我努力工作以後,誰會升遷加薪?

解析:抓住語言漏洞,用開玩笑的方式表達自己努力後的受益者可能不是自己。

回應二:謝謝您的鼓勵,不過我想知道,具體應該做什麼、做到什麼程度、做多久、能升到什麼職位、能加薪多少?

解析:要求對方說明標準。

回應三:嗯,我會努力工作的。對得起薪水,也對得起自己。

解析:表面答應即可,不起衝突。

案例 2

上司:讓你多做一些外務是為了讓你多學東西,讓你有機會發展,對你來說是好事。

回應一:感謝您的好意,但我現在要做的本業還有一大堆,哪有時間和精力來學習別的工作呢?下次有這樣為我好的事情,是不是能提前溝通一下,我也看我這裡有沒有別的事正在忙。

解析:直接說明當前工作量較大,自己不能兼顧。

回應二：謝謝您這麼看得起我，可惜我沒什麼大志向，想做好現在的本分就好。

解析：透過示弱，對上司表達不要再給自己安排其他工作的期望。

案例3

上司：別總想著賺錢，現在付出是為了將來收穫。

回應：您說得對，但我如果連明天的溫飽都解決不了，拿什麼去談將來的收穫呢？我只是希望待遇配得上自己的付出，何況就算配得上，也不表示賺錢，只是剛好夠我生活而已。

解析：說明自己的實際情況。

案例4

上司：你難道不相信努力工作會有未來嗎？

回應：不不不，我非常相信公司會愈來愈好，我也相信我會愈來愈好，我會努力的。

解析：維繫關係，不直接否定或駁斥上司。

案例5

上司：你真是辜負了我的期待。

回應：對不起，我沒有辦法滿足所有人的期待。

125　第7章　上司對下屬

■ 解析：如果上司對你態度強硬，你可以有理有據地反駁。

找回職業尊嚴：反「莫名其妙被貶低責怪」

上司有時候故意不說明工作標準，這樣就可以根據自己的主觀意願來評價員工；再嚴重一點，還可能會在精神上打壓和貶低下屬，讓下屬產生自我懷疑，覺得一切都是自己的錯。

常見情境

- **模糊工作標準**：上司不提供明確的工作目標或標準，但在任務完成後批評下屬沒有達到預期的標準。

- **刻意過度批評**：上司會因為小錯誤或難以避免的問題過度批評下屬，有時甚至在同事面前公開貶低下屬，削弱下屬在團隊中的自信。

- **忽略實際貢獻**：上司忽視或貶低下屬的努力和成果，即使在下屬完成了難度較高的任務後也不給予認可，反而挑出更多小問題或不相干的錯誤。

- **無限放大錯誤**：下屬平時的失誤被無限放大，上司用這些來證明下屬的能力不足，甚至威脅其職位不保。

- **引發自我懷疑**：上司長期的打壓和貶低讓下屬開始懷疑自己的能力和價值，覺得一切

問題都是自己的錯,影響了工作動力和職涯發展。

應對策略

面對上司故意的打壓和貶低,要保持冷靜專業的態度,透過溝通尋求明確回饋。好比記錄自身工作成果、尋求內部或外部的支持,甚至是嘗試投訴、諮詢,以維護自己的權益,同時也要持續學習,增強自己的職場競爭力和自信心。

- **保持冷靜專業的態度**:即使面對不公平的批評,也要盡量保持冷靜和專業的態度,避免在情緒上過度反應,因為這可能會加劇矛盾。

- **尋求明確回饋**:主動向上司尋求具體的工作回饋和明確的目標或標準,以書面形式記錄這些回饋和要求,為自己的工作設定清楚的做事方法。

- **記錄工作成果**:詳細記錄自己的工作進度、完成的任務與成果,以及遇到的障礙、克服這些障礙的過程,為自己的工作表現和努力提供證據。

- **尋求內部支持**:與同事建立良好的關係,與同事交流資訊和交換意見。在遭受不公平對待時,同事的支援和理解可以提供額外的心理安慰。

- **嘗試投訴、諮詢**:如果情況嚴重到影響心理健康和職涯發展,對內可以考慮進行內部申訴,對外可以尋找專業的職涯顧問諮詢,了解自己的權利並尋求解決方案。

- **持續提升個人競爭力**：在職涯中不斷提升自己的技能和知識，以此增強自己的市場競爭力。在遭遇不利職場環境時，這能讓你更有信心地尋找新的機會。

典型話術

案例1

上司：怎麼連這麼點小事都做不好？
━ 解析：說明自己沒做好是因為上司的指揮有問題。
回應一：**下次您要是能提前給我足夠的資訊，我想我能做得更好。**
━ 解析：如果確實是自己哪裡有錯，可以直接認錯。
回應二：**對不起，我這次確實失誤了，很抱歉沒有滿足您的期望。**

案例2

上司：你看人家，績效是你的兩倍。
回應：**是啊，他的待遇也是我的兩倍。**
━ 解析：轉移比較範圍，把對績效的比較轉化為對待遇的比較。

反PUA生存指南 128

> 案例3

上司：為什麼別人能做好，你卻做不好？

— 回應一：您說的別人是指誰？

— 解析：提醒上司別拿莫須有的人來比較，也別用沒人能完成的標準來要求自己。

— 回應二：您也可以試試讓別人做我能做好的，看看別人能不能做好。

— 解析：暗示術業有專攻。別人有別人的好，我有我的好。

> 案例4

上司：這工作有什麼難的嗎？

— 回應：本來不難，但是我前一陣連續加班，效率自然大不如前。不然您把之前加班的時間補給我，讓我調休兩天？

— 解析：藉機提出自己的要求，提醒上司是虧欠自己的。

守住自身專業：反「外行對內行品頭論足」

職場中，有時上司並非專家，也就是俗稱的外行，下屬員工則具備該領域的專業知識和

129　第7章　上司對下屬

技能,也就是俗稱的內行。

在外行管理內行的情形下,上司可能為了彰顯自己的權力和威嚴,或是為了鞏固自身地位,讓下屬在心理上忌憚自己,可能會打和壓制下屬、對下屬的工作細節過度干預、無理指導,甚至錯誤評價下屬的專業工作。

常見情境

- **無效指導**：上司在不了解具體技術或流程的情況下,提出不切實際的指導或建議,導致工作方向錯誤或資源浪費;或上司有時候忘了自己之前提過一些建議,後來發現自己錯了,造成最新建議和之前建議互相矛盾。

- **錯誤評價**：因為缺乏專業知識,上司無法正確評價下屬的工作成果,可能過度誇大很小的錯誤,或忽視了真正的成就。

- **決策延誤**：上司在做出關鍵決策時,由於缺乏必要的專業知識而猶豫不決,導致進展緩慢或錯失良機。

- **溝通障礙**：上司與下屬在專業理念上存在差異,導致雙方溝通不良,無法有效協作。

應對策略

遇到外行上司,先展示自己的專業能力,建立信任,然後在溝通時簡化語言,工作時有

反PUA生存指南 130

理有據，關鍵時刻引入協力廠商，同時也要注意調整自己的心態。

- **建立信任**：透過展示自己的專業能力和成功案例，逐步建立上司對你的信任，讓上司相信你的判斷和建議。
- **簡化溝通語言**：在提出專業建議時，盡量使用通俗易懂的語言，避免使用行業術語，確保上司能夠理解你的觀點和建議。
- **增加支持證據**：在提出關鍵建議或反對不合理的指導時，提供詳細的背景說明，包括案例研究、資料分析等，以增強說服力。
- **尋求協力廠商意見**：在關鍵問題上存在分歧時，可以建議引入協力廠商專家進行評估，以客觀的視角來做出決策。
- **嘗試自我調整**：如果無法改變上司，就要學會調整自己的期望和態度，尋找在現有環境中繼續獲得專業成長和發展的機會。

典型話術

案例 1

上司：這件事看起來好像有問題。

回應一：**不然您認為我應該怎麼做？**

- 解析：外行通常光說不練。可以先聽聽上司意見，再決定做法。

案例2
- 回應二：**請您指出我具體哪裡有問題、應該怎麼改進**。
- 解析：外行通常只看到表面，你可提出自己需要哪些具體的指正。
- 上司：你做的這些沒有達到我的要求。
- 回應一：**您是否能示範給我看，我該怎麼做才能達到您的要求**。
- 解析：外行通常只會提要求，其實自己也不知道如何達到這樣的要求。
- 回應二：**請問誰能達到您的要求？我想去學習一下**。
- 解析：外行的個人期望通常都不切實際。

案例3
- 上司：你怎麼連這個都不會。
- 回應一：**我覺得我本來會，但您這麼一說我好像真的不會。不然您教我一下？**
- 解析：暗示對方的評價有問題，同時把難題推給對方。

案例 4

上司：我只是表達我的意見、提出我的要求，你該怎麼做來達到我的要求是你的事，不要來問我。

▬ 回應一：我就是不知道怎麼做才問您的，如果我按照錯誤的方式做，依然達不到您的要求，不是浪費團隊的時間嗎？

▬ 解析：如果上司光說不練，可以表達如果按其要求來做，可能得不到預期結果。

▬ 回應二：您這麼有經驗的管理者都不會，我不會不是很正常嗎？

▬ 解析：外行通常不懂專業上的限制或困境，因此隨意評價。這時候可以示弱，要上司分擔責任。

▬ 回應三：由您提出解決方法不是很正常嗎？您這麼聰明、有才能，還請您多指教了。

▬ 解析：面對紙上談兵的外行上司，可以對其討教。

第 8 章 同事之間

職場中,同級之間的PUA不僅發生在同部門的同事之間,還可能發生在跨部門協作或專案合作過程中。比較常見的情境有五類,分別是:你的工作成果被同事貶低;合作時,對方推卸責任;有的同事故意搞破壞,在你的周圍製造矛盾;有的同事搶走了你的功勞;有的同事把你的幫助視為理所應當。

駁斥冷嘲熱諷:反「被同事貶低工作成果」

職場中,可能會有同事對你的工作冷嘲熱諷,貶低你的成果以凸顯自己的高明。

這樣的同事透過貶低別人,一來可以轉移矛盾,把上司的關注點放在被貶低的同事身上;二來可以拉抬自己,讓自己顯得比較有存在感;三來可以在無形中拉近自己與上司的關係,產生一種幫助上司監督同事的感覺。

常見情境

- **公開負面評論**：在團隊會議上,當你展示自己的工作成果時,某位同事總是提出挑剔的意見,試圖貶低你的工作成果,即使這些意見並不客觀。

- **較量彼此工作**：某些同事可能在其他同事面前,透過較量自己和你的工作成果,暗示自己的工作更有價值,從而在無形中貶低你的努力和成果。

- **傳播小道消息**：某些同事可能私下散布關於你工作成果的負面評價或關於你生活的小道消息,損害你的聲譽。

- **忽視、抹黑成果**：當你取得了實質性的成果時,某些同事可能選擇忽視或抹黑這些成果,使你的努力無法得到應有的認可。

應對策略

面對職場中某些同事的冷嘲熱諷和貶低,要保持穩定、自信和專業,嘗試溝通、強調合作,並在必要時清楚說明。平時注意記錄好工作事實,保護自己免受不正當行為的負面影響。另外,多把精力放在自己的成長和發展上。

- **保持冷靜**：面對挑釁或貶低,先保持冷靜。對方可能就是要擾亂你的心智、挑起你的情緒,過度的情緒反應可能會讓對方達到目的。

- **嘗試溝通**：如果同事是私下貶低你，可以嘗試直接和該同事溝通，尋求意見回饋。這樣既能展示你對工作的認真態度，也可以揭示對方貶低的無根據性。
- **強調合作**：在適當的場合，強調團隊合作的重要性，並指出貶低他人的行為是會破壞團隊凝聚力和影響工作效率的。
- **尋求幫助**：如果情況嚴重到影響了你的工作表現或心理健康，可以試試向主管或公司內部的申訴管道反映情況。
- **記錄事實**：留下工作交流和成果紀錄，在需要的時候可以作為具體的證據來證明你的工作能力和成就。
- **專注發展**：把主要精力放在自己的工作成就和職涯發展上，而不是消耗在職場的勾心鬥角中。提升自己的技能並穩定輸出工作成果，讓同事貶低你的語言顯得蒼白無力。

案例1 典型話術

同事：這麼一點小事都做不好呀？

回應一：**我沒你那麼厲害，不然這個工作你來做吧，想必你一定能做得很好。**

—解析：示弱，抬舉對方，請對方擔起責任。

回應二：**請問什麼叫小事？請問我沒有做好的具體依據是什麼？**

解析：反問對方定義，暗示對方說話要有依據。

案例2

同事：如果我做了你的工作，你的薪水是不是要分給我？

回應：**我們不都是為公司工作嗎？**

解析：用團隊、整體、貢獻等集體概念化解同事的挑釁。

案例3

同事：你是在推卸責任嗎？你的工作憑什麼要我替你做？

回應：**你都能評價我的工作，想必你很懂我的工作，為什麼不能做呢？而且你現在這樣評價我的工作，不也正在做主管的工作嗎？**

解析：對方在試圖撇清關係時，你可以順勢表達既然對方想和你的工作撇清關係，為什麼又要隨意評價你的工作，揭示對方的邏輯問題。

案例4

同事：你還有很多進步空間呢！

案例 5

- 同事：你知道你在說一件自己並不了解細節的事情嗎？
- 解析：暗示對方的評價是錯誤的，且多管閒事。
- 回應一：聽說有家店的魚刺特別多，很多人不敢去吃。你這麼會挑刺，趕緊去吃吧。
- 解析：用諷刺回應。
- 回應二：你知道你在說一件自己並不了解細節的事情嗎？

- 同事：這件事這樣做不行。
- 回應：感謝你直言不諱地提出否定意見。團隊工作要進步，更需要有建設性的建議。你可以說不行，但說不行的同時，希望你也能提出解決的方法，讓大家討論。
- 解析：暗示對方不要只說風涼話，以免浪費大家的時間，關鍵是要解決問題。

回應逃避擔責：反「同事協作卻推卸責任」

部門同事或同級部門之間協作，有時會遭遇推卸責任、逃避擔責等情況。有些同事只想享受成果，有問題的時候躲得遠遠的，有狀況就把事情往外推。

常見情境

- **失敗歸咎同事**：當工作未能按預期進行時，某些同事立刻將失敗的原因歸咎於你，即使這並不是你一個人的責任。
- **避免承擔任務**：在分配工作任務時，某些同事總是找理由避免承擔那些可能會失敗或難以完成的任務，寄望別的同事去承擔風險。
- **故意隱藏資訊**：在需要團隊合作時，某些同事故意不分享關鍵資訊，導致工作進度受阻，最後還將問題歸咎於溝通不良。
- **忽略自身責任**：在遇到問題時，某些同事選擇忽視或延遲解決，最終導致問題加劇，在無法避免時還推卸責任給你。

應對策略

面對同事推卸責任的行為，需要明確責任分工、保持專業態度、及時溝通解決問題。必要時可尋求上司介入，可以有效地降低這類行為的負面影響。

- **明確責任分工**：在工作分配階段，確保所有任務都有明確的責任歸屬，並且有書面紀錄。這樣可以在問題出現時追溯責任。
- **保持專業態度**：即使遇到他人推卸責任時，也要保持專業和冷靜的態度，集中精力先

139　第 8 章　同事之間

解決問題,而不糾結於責任歸屬。這樣能彰顯你的能力和格局。

- **及時解決問題**:面對潛在的推卸責任行為,及時公開溝通,嘗試迅速解決問題。如果發現資訊不透明或合作不順,盡早提出並尋求解決方案。
- **尋求上司介入**:當推卸責任的行為已經開始影響到工作進度和團隊氛圍時,及時向上司報告,客觀地講清楚具體情況,尋求可能的解決方案。

典型話術

案例 1

同事:這事不能怪我,基本上都是你的問題。

回應:**我們還是尊重事實吧,這件事到底歸咎於誰,資料會說明一切。**

解析:不必特別理會,直接拿事實和資料說話。

案例 2

同事:這個錯誤不是我的責任,是你的責任。

回應:你想表達的是你沒有責任嗎?本來這只是個小問題,你只需要改正就好了,沒有人會過分苛責。但如果大家發現明明是你的問題,你卻推卸責任,別人會怎麼想?這比錯誤本身嚴重多了。

反PUA生存指南 140

解析：告訴對方推卸責任的嚴重性，以及其可能帶來的後果。

案例3
　　同事：出現這樣的結果，都是因為你當初沒提前告訴我。
　　回應：如果你忘了某項工作，我可以提醒你。但不能因為自己忘了，就說這件事是別人的錯。你希望以後每個同事跟你說話的時候都要錄音嗎？
　　解析：明確指出對方講述的事實錯誤。

案例4
　　同事：你如果先那樣做，我就也能做好。但因為你沒那樣做，所以我的工作也沒做好。
　　回應：所以你的一切工作成果，都要看別人怎麼做嗎？
　　解析：延伸推演，抓住對方的邏輯漏洞。

案例5
　　同事：這個工作我沒做好，但團隊裡每個人都有沒做好的工作呀。要說問題，大家都有問題啊。
　　回應：所以你承認你沒有做好工作，對吧？主管只是點出問題，又不是在責怪你，你何

141　第8章　同事之間

必那麼緊張，拉整個團隊一起下水？

- 解析：轉移對方的論點，放大對你有利的那部分內容。

案例6

同事：這事應該是你跟我一起承擔責任。

回應：對不起，我不能為你心裡的「應該」負責。我在這件事上已經盡力做到了自己該做的，最後的結果顯然不是因為我的錯誤導致的。

- 解析：明確指出這只是對方的觀點，而非事實。

案例7

同事：我這裡有點狀況，我們一起去找主管談談吧？

回應：**那件事是你的工作職責，我為什麼要跟你一起去？**

- 解析：看穿對方想讓你一起承擔責任的心思，及時回絕。

應對挑撥離間：反「製造矛盾打破融洽氛圍」

有些同事喜歡挑撥離間，故意製造矛盾，破壞團隊的和諧氛圍。

反PUA生存指南　142

這些同事這樣做的原因，可能和貶低同事工作成果的原因類似：當團隊中出現他人之間的矛盾時，往往可以讓他們自己處在矛盾之外，保證自己是安全的。也有些同事是基於嫉妒和競爭心態而這麼做。

常見情境

- **散布不實消息**：某些同事在團隊中散布關於你的不實消息或誇大你的負面資訊，意圖破壞你在團隊中的人際關係。
- **刻意扭曲資訊**：在資訊傳遞過程中故意扭曲你的言論和意圖，故意製造誤會，引發你和團隊成員之間的矛盾。
- **挑起內部競爭**：透過在你面前誇大別的同事的成就，挑起不必要的競爭和嫉妒，打破團隊內部的合作精神。
- **利用團隊分歧**：在團隊討論或決策過程中，故意誇大或強調意見分歧，挑撥離間，阻礙團隊達成一致。

應對策略

面對愛挑撥離間的同事，要保持心態穩定，正面解決矛盾。務必確認資訊，盡量當面溝通，平時要注意與團隊成員之間的團結，加深彼此了解，必要時藉助上司的力量解決問題。

- **保持心態穩定**：對於挑撥離間的行為，保持冷靜和客觀的態度，不因個別人的負面行為影響自己的工作表現和心態，不被牽著鼻子走。
- **正面解決矛盾**：面對潛在的團隊矛盾，不要逃避，主動尋找原因，透過溝通和調解解決問題，而不是讓矛盾加劇。
- **務必核對資訊**：面對不實資訊或誤解，第一步應是直接向相關人士核對資訊的真實性，不要盲目接受道聽塗說和未經證實的言論。
- **盡量當面溝通**：對於團隊裡的溝通要保持開放、直接，盡可能當面。一般面對面的溝通較難被扭曲，有助於快速澄清誤會。
- **注重內部團結**：在團隊會議或集體活動中強調合作、信任和尊重的價值。多參加團體活動聯絡感情，加深自己與團隊成員的關係。
- **藉助上司力量**：當個別同事的行為嚴重影響團隊的和諧與工作效率時，適時向主管報告，尋求管理層的介入和解決。

典型話術

案例1

同事：聽說你的這件事會被主管批評，就是因為某某在背後說你的壞話。

回應一：謝謝，不過我有點好奇，你從哪裡聽說的？聽誰說的？

反PUA 生存指南　144

- 解析：對於小道消息可以禮貌感謝，但不要立即回應對方，而是要查明來源。

- 回應二：謝謝你的提醒。在背後說別人壞話確實不好，我會找某某聊聊這件事。

- 解析：把「背對背」變成「面對面」。

- 回應三：感謝知會，可能是因為資訊不對稱造成的誤解吧！下次會議時我準備和大家面對面講這件事，也會請大家有什麼事在公開場合說。

- 解析：把私下交流變成公開討論。

案例 2

同事：主管那麼講你，就是故意在為難你啊！

- 回應一：是嗎？我倒沒這種感覺。我覺得主管人滿好，偶爾有點脾氣也是人之常情。

- 解析：不要與同事在私下貶低主管，尤其不要從你口中說出上司的壞話。

- 回應二：我覺得主管是在訓練我的意志，有這樣願意直接提出問題的上司滿好的。

- 解析：告訴對方你不想接這個話，表達你不想說上司壞話的立場。

145　第 8 章　同事之間

回應三：主管應該不是這樣的人吧，也許是有什麼誤會，等有機會我澄清一下。

解析：把私下的交流變成公開的資訊互通。

案例3

同事：你工作能力強，是優秀人才，和我們這些普通人是不同的。這麼難的工作就交給你來做吧。

回應：這項工作應該誰來做，主管自有判斷，你要把這件事分配給我，是要搶主管的工作嗎？關於工作安排，我們沒有權力，也沒有必要私下討論。

解析：對方可能是想拉攏別的同事孤立你，讓你承擔更大的責任。可以用對方越權來堵住對方的嘴。

回擊搶功邀功：反「坐享你的勞動成果」

職場中，常有同事試圖搶功勞。明明工作都是你做的，遇到難題的時候他們躲得遠遠的，有了成果卻急著跳出來分享。或有的同事在某項工作上只是做了很少的貢獻，主要的工作成果與其關係不大，但他們總是先站出來邀功，自吹自擂，放大自己的價值。

反PUA生存指南　　146

常見情境

- **將功勞歸於己**：一個團隊任務完成後，某同事在向上司或團隊外部的報告中，誇大自己的貢獻，忽略或貶低其他團隊成員的努力。
- **公開場合誇耀**：在公開場合或會議上，某同事不斷誇耀自己對某項任務或某個專案的影響，試圖讓人認為那件事情的成功全是因為有他。
- **私下爭取權益**：在私下與上司交流時，某同事試圖透過誇大自己的工作成果，為自己爭取更多的獎勵或晉升機會，而這些獎勵或機會本應屬於你。
- **使用別人成果**：某同事未經允許，使用了你的工作成果來展現和標榜自己，試圖讓人以為該成果屬於他。

應對策略

面對職場中的搶功和邀功行為，要保持冷靜，可嘗試透過恰當的溝通解決問題，平時要注意做好工作成果紀錄，留好證據，定期報告和展示成果。必要時尋求上司幫助，或透過公司內部管道申訴，維護利益，防止或減少這種不利情況的發生。

- **嘗試直接溝通**：如果發現有同事在搶功或邀功，可以嘗試先與該同事直接溝通，表達你的觀點和感受。對方可能是故意，也可能是無心的。有時直接溝通可以消除誤解，

147　第 8 章　同事之間

阻止進一步的不公行為。

- **保留工作紀錄**：留下自己工作的詳細進度和成果紀錄，包括進行的時間、完成的任務、相關的溝通訊息或檔案。這些紀錄可以在需要時證明你的貢獻。
- **定期展示成果**：在公開的團隊會議、報告時，積極展示自己的工作成果，確保團隊和上司對你的努力和成果有充分的了解。
- **尋求外部幫助**：當直接溝通無效時，可以將問題和相關證據向上司或公司內部管道反映，尋求正式的解決方案。

典型話術

案例 1

同事：沒有錯，這是我們的工作成果。

回應一：你說的「我們」是指誰？

——解析：藉由明確定義來指出對方表達錯誤。

回應二：不好意思，我想你是搶了我的臺詞。

——解析：用諷刺的方式說明工作成果與對方沒關係。

回應三：確實，我在執行這項工作的時候，主要遇到的困難有……。其中最大的難題是……。我做了……來克服困難。

解析：不理會對方的表達，接著對方的話，說明你是如何取得這項工作成果的。你講出了過程和細節，別人自然認為這就是你的工作成果。

案例2

同事：有今天的成果，主要是因為我的貢獻。

回應一：**我很好奇，你的貢獻具體是什麼？可不可以拿出一些事實或證據？**

解析：要求對方提供細節、過程、事實或資料等作為證據。

回應二：**據我所知，你對這項工作的主要貢獻是做報告。**

解析：直接點出對方的具體貢獻。

回應三：**你的意思是，這項工作全是你一個人做的，別人都沒參與？**

解析：如果這項工作明顯是團隊的工作成果，可以藉此和其他同事站在一起，說出其他同事的心聲，引起其他同事的共鳴。

案例 3

同事：大家不都是為實現團隊目標共同努力嗎？大家都有功勞，何必分得那麼清楚？

回應一：**當初安排工作任務的時候，並不是平均分配吧？我不明白為什麼大家的工作量和難度明顯不同，功勞卻應該是平均分配的？**

- 解析：把過程說出來，挑明對方是在搶功勞。

回應二：**在工作貢獻和價值評斷上，我相信上司和其他同事的看法。**

- 解析：說明自己相信群體的公正性，點明對方的意圖。

回絕心安理得：反「合理拒絕對方卻鬧情緒」

有些同事找你幫忙時會有一種天經地義、心安理得的感覺。你幫了忙可能沒事，如果因為某種原因不幫忙，他們就向你擺臉色、使性子、鬧彆扭、耍脾氣等等。

這些同事不管你手上有沒有工作，都希望你能提供無私的幫助，對你的要求很高，對自己的要求卻很低。當你反過來需要這些同事幫忙時，他們會用各種理由推託。在這些同事心中，彷彿別人不幫忙都是找藉口、沒有團隊精神，他們自己不幫忙則是因為真的沒時間。

反 PUA 生存指南　150

常見情境

- **經常求助**：某些同事經常找你幫忙解決工作上的問題，即使這些問題是他們自己職責範圍內的事情。
- **理所當然**：當你幫忙時，某些同事從不表示感謝，彷彿別人的幫助是理所當然的。
- **負面反應**：如果因為你忙於自己的工作而無法提供幫助，某些同事會表現出明顯的不滿，甚至耍脾氣、鬧彆扭。
- **情緒威脅**：在你拒絕幫助時，某些同事可能會透過情緒化的反應來試圖影響你，例如臭臉、使性子，甚至散布負面言論。

應對策略

面對職場中對你過度依賴和情緒化的同事，透過使用設定界線、提供指導、溝通回饋以及尋求支援等策略，可以有效減少這類行為，同時維護自己的利益和工作效率。

- **設定界線**：明確自己的工作範圍和能力範圍，對於不屬於你職責範圍內的求助學會說「不」。可以溫和但堅定地解釋你當前的工作負荷，表達你主觀上願意幫忙，但受限於現實情況，客觀條件上不允許。
- **提供指導**：當同事求助時，你可以嘗試提供指導或建議，而不是直接替他們完成任

務。這樣既間接提供了幫助，又促使他們學會獨立解決問題。

- **溝通回饋**：與這類同事進行溝通時，表達你對其行為的感受，以及這種行為對你工作和情緒帶來的影響，以建立更加平等、互相尊重的合作關係。
- **尋求支持**：如果這種情況持續下去，並對你的工作造成了負面影響，可以考慮尋求上司或公司內部管道來改善。

典型話術

案例1

同事：你怎麼這點小忙都不幫？

回應一：對不起，不是我不想幫你，是因為我手上有一項緊急的工作，至少要再忙兩小時才能完成。你人這麼好，如果我幫了你，你一定會反過來幫我，這樣不就耽誤你下班的時間了嗎？我不想因為我的工作影響你。

解析：把對方的道德綁架反推給對方。

回應二：抱歉，我不是不想幫你，只是這件事我很少接觸。它對你來說很熟悉，對我來說卻很陌生，我想幫也不知從何入手。而且萬一我做得不好，不是給你添麻煩嗎？

解析：透過示弱拒絕對方。

反PUA生存指南 152

回應三：你能力太強了，這件事對你來說不太困難，但對我來說要研究很久。你可能一小時就做完了，但對我來說要耗一天。

——解析：另一種角度的示弱。

回應四：我現在的工作已經堆積如山了，要不然你先來幫我一起完成我的工作，我再安心地幫你一起完成你的工作。

——解析：說明幫忙可以，但需要等價交換。

案例2

同事：請你幫個小忙，你推三阻四的，一點團隊意識都沒有。

回應一：我現在手上的工作比你多。你有團隊意識，怎麼不先來幫幫我？

——解析：轉移對方的焦點，反過來指責對方。

回應二：你對團隊意識的定義，就是你要我做什麼，我就得做什麼嗎？

——解析：指出對方的定義錯誤。

回應三：我現在正在做主管的緊急任務，你覺得自己的事比主管更重要嗎？

■ 解析：藉上司來說明自己當前的工作更重要。

■ 回應四：所以一個只顧自己工作有無完成，不顧同事工作有沒有完成的人，能算有團隊意識嗎？

■ 解析：藉對方的用詞反駁對方的言語攻擊。

■ 回應五：你的意思是，整個團隊都應該繞著你轉嗎？

■ 解析：將對方與你之間的矛盾，上升為對方與整個團隊的矛盾。

■ 回應六：我上次找你幫忙，你不也沒幫嗎？

■ 解析：藉以前的事實揭露對方的虛偽。

■ 回應七：幫你是情分，不幫你是本分。工作這麼久，我還從來沒見過有人找人幫忙時不僅心安理得，還惡言相向。

■ 解析：有時候比較直接地反駁，也能快速解決問題。

案例3

同事：主管派給我的工作更多更難，你的工作比較少，也比較簡單。你來幫幫我吧。

回應：**你如果對主管安排的工作不滿，可以直接找主管說。是否需要我找主管來，你把剛才的話說出來，讓主管重新分配一下工作呢？**

解析：藉對方的話，將對方與你的矛盾，轉化為對方與上司的矛盾。

案例4

同事：上次你需要幫忙的時候我都幫你了，這次我需要你幫忙，你居然不幫我。

回應一：**你不要誤會，我不是不幫你，你等我一下，我先忙完手上這些緊急又重要的事再幫你可以嗎？**

解析：當對方對你道德綁架，冷靜說明自身情況。

回應二：**我不是忘恩負義的人，我只是沒有你那麼優秀，不能在做大量緊急工作的同時還兼顧幫你。還是把我們的工作混在一起做完，然後再一起下班？**

解析：面對道德綁架，說明立場，給出另一種解決方案。

155　第 8 章　同事之間

第9章 下屬對上司

職場中的PUA還可能存在於下屬的向上管理當中。如果你是上司，有下屬要管理，要當心三種常見的PUA情境：有的下屬頻繁且過分地對你拍馬屁；有的下屬口頭答應，實際上不認真執行你的安排；有的下屬故意和你攀關係、獻殷勤，以便避免被分配到一些困難的工作。

拒絕過度讚美：反「用拍馬屁向上推責」

作為管理者，有時候會遇到一些下屬透過拍馬屁、過度讚美等各種手段，試圖拉近你們之間的關係，以便為自己謀求利益。這類行為如果不加以適當管理，可能會破壞團隊的公平，影響團隊的工作效率和團隊其他成員的士氣。

反PUA生存指南　156

常見情境

- **轟炸式拍馬屁**：某些下屬頻繁地對上司的決策、能力過度讚美，意圖拉攏上司來為自己謀取更多的好處。

- **推責任給上司**：遇到工作中的問題或錯誤時，某些下屬試圖將責任推給上司，希望上司替自己承擔過錯或解決問題。

- **逃避績效評價**：某些下屬試圖拉近和上司的關係，以影響上司對自己的績效評價結果，希望上司在主觀上給自己更好的評價。

應對策略

作為管理者，面對下屬各種拉攏自己的行為，要保持清醒的頭腦，透過鼓勵正直的溝通文化、確立評價標準、保持客觀公正、及時回饋指正，以有效地管理和減少這些不利於團隊發展的行為。

- **鼓勵正直的溝通文化**：鼓勵團隊內部開放、誠實地溝通，讓團隊成員能夠直接反映問題和困難，而不是透過拍馬屁或推卸責任來解決問題。

- **確立評價標準**：確保團隊內部有明確的工作標準和公正的評價方式，讓所有團隊成員都清楚自己的職責所在。上司也要明確表示績效評估是按照工作表現進行，而不是根

- **保持客觀公正**：在決策和工作分配上保持客觀和公正，避免因個別下屬的過度讚美而受到影響，確保所有決策和行為都基於團隊和組織的最佳利益。
- **及時回饋指正**：對於試圖拍馬屁以拉近關係、推卸責任的下屬，及時給予明確的回饋和指正，討論他們的行為對團隊的影響，並提供改進的建議。

據個人關係進行。

案例 1

典型話術

下屬：您是我見過能力最強的主管。

回應一：**你是不是見過的主管太少了？**

解析：暗諷對方，表達你已經知道對方在拍馬屁。

回應二：**你的意思是，你前一任主管能力不強？**

解析：指出下屬的邏輯漏洞。

回應三：**我不太喜歡拍馬屁的人。當然，我也不會輕易把下屬對上司的讚美解讀成拍馬屁，不過假如這種讚美過多、過度的話，我很難不這麼想。**

反PUA 生存指南　158

- 解析：直接明確地表達個人立場。

案例2

下屬：我們團隊能有今天的成就，全是因為有您！

回應一：過獎了，我只是為大家提供了支援服務，團隊的成就是因為大家的付出和努力。尤其是你在這次任務中的表現可圈可點，以後要繼續加油。

解析：反過來把誇讚「還」給對方。

回應二：團隊成就就是屬於大家的，怎麼能全部歸在一個人身上呢？

解析：明確定義，將團隊的成就歸因為集體努力。

回應四：謝謝。如果沒有什麼事，我們繼續工作吧！

解析：不接對方的話，透過語氣和肢體語言結束話題。

案例3

下屬：主管，您是我們團隊中能力最強的人。

回應一：你這麼說我很慚愧，我不應該是我們團隊能力最強的人，因為這一來可能說明

159　第9章　下屬對上司

我沒有帶好你們，二來可能讓高層覺得我容不下比自己能力更強的人。

一 解析：讓對方感覺到自己拍馬屁拍錯了。

回應二：我能力強有用嗎？我更關心我們團隊成員的能力強不強，我最想看到大家的能力都比我強，這樣團隊才會有發展。

一 解析：讓對方認知到自己在拍馬屁的另一種方式。

駁回只說不做：反「只動嘴卻不做事」

有的下屬只說不做，他們態度特別好，表面上滿口答應，但實際上消極對待。有的下屬甚至精打細算地偷懶，讓上司抓不到他們的把柄，也不知道如何應對。

常見情境

- **口頭承諾未兌現**：下屬對上司分配的任務表現出高度的熱情，也做出承諾，實際上卻沒有採取任何實際行動去完成這些任務。
- **用各種藉口拖延**：當上司詢問任務進展時，下屬用各種藉口推託，例如暗示其他工作占用了他們的時間，或聲稱遇到了難以克服的障礙。

反PUA生存指南　160

- **出現品質和進度問題**：即使這樣的下屬最終開始執行任務，任務成果的品質和完成的速度也遠遠達不到預期標準，而且明顯是因為他們缺乏投入、不努力。
- **成為行為模式**：這種「只說不做」的行為已經成為一種模式，即使下屬接受了回饋意見，也可能改善一段時間後又故態復萌，或根本無動於衷。

應對策略

　　作為上司管理者，面對下屬的「只說不做」，可以採取明確責任期望的管理方法：訂定具體的行動計畫、提供持續的回饋輔導，以及告知沒有完成工作的後果。同時，理解下屬的個人動機、遇到的問題，在必要時採取果斷的應變措施。

- **明確責任期望**：與下屬進行一對一會談，明確解釋任務的重要性、預期的成果和截止日期，強調當前工作對團隊目標的重要性。
- **訂定行動計畫**：要求下屬訂定詳細的行動計畫，包括具體的步驟、時間表和成果指標，並定期檢查進度。
- **提供回饋輔導**：定期提供具體、有建設性的回饋，指出哪裡需要改進，並給予支援。如果需要，可以提供額外的培訓或資源。
- **告知工作後果**：告訴下屬不履行工作職責的後果，可以是正式的績效評價中的負面紀

161　第9章　下屬對上司

錄，或是更直接的工作分配調整。

- **嘗試增強動機**：了解下屬態度消極的根本原因，可能是對任務缺乏興趣、感到能力不足，或是對工作環境不滿。基於這些資訊來調整工作分配，或採取一些獎懲措施增強其工作動機。

- **考慮團隊調整**：如果個別下屬持續表現消極，影響團隊士氣和效率，可能需要考慮重新安排團隊結構，將個別下屬調整到更適合其能力和興趣的位置，或必要時採取更嚴厲的管理措施。

典型話術

案例 1

下屬：主管，請您放心，這件事交給我就行了。

回應一：**上次給你工作時，你也這麼說，後來為什麼不了了之了？**

解析：趁對方再次承諾時提及其之前未完成的工作，要求解釋原因。

回應二：**等等，你先說清楚，什麼時候能完成？完成到什麼程度？**

解析：確定完成的時間和標準。

回應三：從你之前的表現來看，我很不放心。你這次準備怎麼讓我放心？

解析：要求對方給出進一步的承諾，或給出更可靠的保證。

案例2

下屬：別著急，我負責的工作快完成了。

回應一：快完成了，具體還要多久？

解析：要求下屬提供具體的完成時間。

回應二：好，我再給你三天時間，三天後必須完成。

解析：強制規定完成時間。

回應三：我們以後關於工作的溝通，不要說「快了」、「差不多」、「基本上」這類模糊的詞，盡量說確切的、具體的情況。

解析：藉機制定團隊工作原則，明確標準。

案例3

下屬：對不起，這件事我沒做好，下次我一定做好。

回應一：我希望這是最後一次。如果你下次還沒做好，那說明你不適合這份工作。

— 解析：給對方下最後通牒。

回應二：我相信你下次一定能做好，但我的耐心也是有限的。如果你無法達成，那我們就公事公辦了。

— 解析：表達自己想法，給對方下最後通牒的另一種方式。

回應三：好的，不過下次是你最後一次機會。如沒有「做好」，那我只能把你調走了。

— 解析：以約定來下最後通牒。

案例 4

下屬：這件事不是我不想做好，主要是因為運氣不好。

回應一：誰工作的時候沒有遇到過問題？遇到問題要學會解決和求助，不要再把問題當藉口。

— 解析：引導下屬向解決問題的方向思考，建立積極的工作態度。

回應二：公司雇用你，是要你來解決問題，不是讓你來報告問題的。即便你解決不了，

反 PUA 生存指南　164

否定推三阻四：反「假借感情逃避工作」

管理者可能會遇到一些下屬，因為和你關係較好，或相處時間較長，而試圖利用這種私人關係逃避你的工作安排。

有的下屬會對上司打感情牌，企圖把困難的工作轉移給別的同事，讓自己被分配到比較輕鬆的工作，或承擔更小的職責。

常見情境

- **逃避工作**：下屬被分配工作任務時，利用平時和上司比較親近的關係，表達自己的工作已經很繁重，試圖讓上司產生同情心，從而將任務分配給他人。

- **半推半就**：當上司安排工作時，下屬以各種理由和藉口推託，如暗示自己不是最適合做這項工作的人，或是暗示其他同事有空處理。

- **干預決策**：下屬在非工作場合提起工作事務，試圖在輕鬆的氛圍中影響上司的某項工作決策，讓自己從中獲益。

「解析：提出要求，設定邊界，警示對方。可以求助或學習，要拿出積極的態度應對，不是嗎？

- **拖延或消極對待**：下屬自認為和上司關係好,即使工作完成得不理想,也不會有太嚴重的後果,從而對拖延任務或消極對待。

應對策略

作為管理者,和下屬建立比較好的關係是應該的,但需要平衡好私人關係和工作關係。可以透過劃定明確界線、公平分配工作、明確目標期望、強化監督回饋、培養團隊精神,以及反思自我行為等方式,維護團隊的工作效率和公正性。

- **劃定明確界線**:和下屬明確溝通,雖然私人關係良好,但在工作中需要保持專業,所有的任務都要基於團隊和組織的最佳利益來做決策。
- **公平分配工作**:確保工作的分配是基於能力和團隊需求,而不是基於私人喜好。這一點需要在團隊中公開透明地進行,以樹立公正的工作分配標準。
- **明確目標期望**:對每個任務都要設定完成標準和期限,並記錄下來,確保下屬明白自己的職責所在。
- **強化監督回饋**:對於有逃避職責傾向的下屬,需要加強監督和跟進,及時提供正反回饋,必要時採取糾正措施。
- **培養團隊精神**:平常可以多舉辦一些凝聚向心力的團隊活動,強化團隊成員的責任感

反PUA生存指南　166

- **反思自我行為**：作為上司，需要反思自己是否無意中縱容了下屬的一些行為，要透過改進管理方式，避免未來再次出現類似情況。和共同達成團隊目標的決心。

典型話術

案例1

下屬：憑我們之間的關係，您怎麼給我這麼難的工作啊？

回應：**就因為我們之間的關係，我很信任你，才交給你做。交給別人我能放心嗎？**

解析：反藉對方拉攏感情，把責任推給對方。

案例2

下屬：看，這工作不合適交給我吧，我哪能擔得起這麼大的責任呢？

回應一：**你上次不是還跟我說想升遷嗎？想當管理者，更應該要擔當責任，這就是一個證明自己能力的好機會。**

解析：藉助對方之前的話，使用反向PUA法，將責任交給對方。

回應二：**這項工作新人都能做好，你做不了嗎？你如果連新人都比不過，那公司裁員的**

時候可能很危險哦！

─ 解析：表達對下屬推卸責任的不滿。

回應三：你在質疑我的工作安排嗎？如果覺得我在工作安排上有什麼不公，你可以向高層反映，也可以申請轉調部門。

─ 解析：藉自身職位和公司制度，將工作安排放在公開透明的位置上。

案例 3

下屬：我們一起工作這麼多年了，您又不是不了解我。這件事這麼難，我哪能做好？

回應一：別的同事已經在私下議論我們是多年的老同事了，說我總是單你，安排工作的時候也向著你。這正好是個證明和澄清的好機會。

─ 解析：說明關係愈好，愈要把握分寸。

回應二：我之前已經給你很多輕鬆的工作了。你不能老做簡單的事，不做難的事吧？

─ 解析：藉對方打出的感情牌，將對方說的話堵回去。

回應三：你是我們團隊裡最資深的，總不能把最簡單的都給你，最難的都交給新人吧？

反PUA生存指南 168

■ 解析：肯定對方的閱歷和能力，說明愈資深，愈要擔起責任的道理。

案例4

下屬：您派給我這麼難的工作，萬一我做不好，豈不是對團隊不好，對您也不好嗎？

回應：**所以你更要好好做，不能讓你自己丟臉，也不能讓團隊丟臉。你如果全力以赴工作，即使做不好，我也不會怪你；但如果你不好好工作，故意做不好，那就是消極以待，我會依規辦事。**

■ 解析：藉對方的藉口要求對方，說明原則。

第 4 部

反情感 PUA

　　情感領域是 PUA 的大本營，PUA 最早正是作為一種快速促進感情關係進展的技巧，甚至可說是 PUA 的「重災區」，一方可能基於個人私欲，想完全掌控另一方。

　　不論是剛開始認識、成為情侶，還是進入婚姻後，在雙方關係間很可能充斥著各種類型的 PUA 話語。

第 10 章 試探關係

有的人在與你建立關係的初期，可能會過分讚美你，讓你覺得自己得到了對方的認可，彷彿全世界只有對方能看到你的光芒；為了拉近與你的距離，對方可能會對你持續講甜言蜜語；為了快速與你確立關係，對方可能會向你規劃或承諾夢境般美好的未來，讓你覺得與對方在一起必將幸福美滿。

做到獨立思考：反「過分褒獎和甜言蜜語」

在建立關係的初期，如果一方使用過分的褒獎和甜言蜜語來拉近距離，目的可能不僅是表達愛意，還可能有更深層的意圖，比如為之後PUA鋪路。這種情況下，另一方需要保持警覺，並學會有效應對。

反 PUA 生存指南　172

常見情境

- **過度讚美**：在建立關係初期，對方不斷地對你的外貌、智商、性格等進行過分讚美，即使在很小的事情上也是如此。在對方眼裡，你似乎沒有任何缺點。
- **持續講甜言蜜語**：對方使用各種浪漫的語言，甚至是比較誇張的詞彙，讓你感覺自己是世界上最特別的人。在對方心中，你的地位似乎很高。
- **快速推進關係**：對方急於定義、快速推進雙方的關係，讓你覺得你和對方的關係很特殊，讓你逐漸開始依賴這段關係。

應對策略

在情感關係中，面對甜言蜜語，要給自己一些時間和空間慢慢了解對方，保持理性和警覺，提前定好邊界，維護自我獨立性，也要尋求外部意見，透過一些策略來保護自己，讓自己進入一段健康平等的關係。

- **慢慢了解**：真正了解一個人需要時間。不要急於和對方確立關係，要花時間觀察對方的行為和性格，多看看對方的為人處世，是否真的值得信賴。
- **保持理性**：在關係初期，要保持理性，尤其是當對方的某些行為讓你感到不自然或過分誇張時，嘗試客觀評估對方的言行是否真實反映了感情。

173　第 10 章　試探關係

- **設立邊界**：如果對方的某些舉動讓你感到不舒服，及時說出你的感受和界線，提醒對方已經越界了。
- **保持獨立**：獨立性是健康關係的基礎。維持自己的社交圈和興趣愛好，不要因為一段關係而失去自我。
- **尋求意見**：和信賴的朋友或家人分享你的感受和經歷。周圍的人可以提供外部視角，幫助你識別可能發生的PUA。

典型話術

案例1

對方：你是我見過最美麗／善良／純真的人。

回應一：**是不是因為你見過的人太少了？**

解析：暗指你已經發現對方在過度讚美了。

回應二：**你是我見過讚美得最誇張的人。**

解析：直接指出對方的褒獎很誇張。

回應三：謝謝。

反PUA 生存指南

— 解析：不搭腔，不再多說。

案例2

對方：我覺得你是我五百年一見的靈魂伴侶。

— 解析一：用玩笑回應。

— 回應一：**像你這麼有眼光的人不多了。**

— 解析二：用對方的策略，暗諷對方讚美過頭了。

— 回應二：**你錯了，我是千年一見的精靈轉世。**

案例3

對方：你怎麼這麼美？

— 解析一：用玩笑暗指對方讚美過度。

— 回應一：**因為手機有個功能叫「美顏」。**

— 解析二：用玩笑回應。

— 回應二：**你的嘴怎麼這麼甜？**

> **案例 4**

對方：你太聰明了，你怎麼什麼都知道。
回應：**有沒有可能是因為你知道得太少了。**
―解析：用玩笑回應。

> **案例 5**

對方：你好會做料理！真是心靈手巧。
回應一：**會做番茄炒蛋也叫心靈手巧，你是不是對「心靈手巧」有什麼誤解？**
―解析：澄清定義。
回應二：**不巧不巧，沒有你的誇讚技術巧。**
―解析：用玩笑暗指對方讚美過度。

打破溫柔枷鎖：反「過度付出和過度關懷」

在建立關係初期，一方過度關懷，讓另一方陷入「溫柔鄉」，看似溫柔體貼，實則可能是想快速拉近彼此的心理距離，其中隱藏著操控的意圖――讓你過度依賴，從而更容易對你

反PUA生存指南　176

進行PUA。

常見情境

- **過度關懷付出**：剛認識不久，對方就為你做了很多超預期的事，如每天接送你回家、為你準備三餐、無時無刻詢問你的感受和需求，或是每次在你需要幫助的時候都會及時出現。

- **讓你欠人情債**：因為對方過度付出，而使你產生有所虧欠的感受，從而在未來的關係中很難拒絕對方的要求。

- **侵占個人空間**：透過關懷和付出，對方慢慢侵占你的個人空間和時間，讓你習慣他的存在和幫助，逐漸削弱你的獨立性，以及與外界的聯繫。

應對策略

面對建立關係初期對方的過度付出，要保持警覺，平衡彼此的關係，維護自己設定的邊界。享受關係中的溫暖，同時也保護自己不受潛在的PUA操控。

- **保持警覺**：過度的關懷和付出可能隱藏著PUA，你要保持一定的警覺心，不要完全沉浸在對方創造的「溫柔鄉」中。

- **平衡關係**：嘗試在關係中保持付出和接受的平衡，不要過分欠對方人情，避免形成對方完全是給予者，而你完全是接受者的狀態。
- **維護邊界**：在你設定邊界後，與對方溝通並維護邊界。比如說出你很感激對方的關懷和付出，但你也需要個人空間和時間。

典型話術

案例1

對方：以後每天上下班都讓我接送你吧！

回應一：感謝你的好意，不過我可以自己上下班。

解析：直接拒絕。

回應二：我現在每天都跟另一個同事一起走，你如果接送我，那個同事會很孤單。

解析：委婉拒絕。

案例2

對方：這個？我買給你。

回應一：謝謝你，不過我們剛認識不久，我不適合收你這麼貴重的禮物，不麻煩你了。

反PUA生存指南　178

- 解析：關係沒到相應的程度，拒絕欠人情。
- 回應二：**我不想要以禮物的方式得到這個東西**。
- 解析：直接拒絕。
- 回應三：**謝謝，那我也買另一個東西給你吧**。
- 解析：用禮尚往來的方式，互不欠人情。

案例3

對方：這是我親手為你做的，送給你！

回應一：**謝謝你，不過我不知道該把這個禮物放在哪裡。這樣吧，你先替我保管，我以後再找你要**。

解析：委婉拒絕，不欠人情。

回應二：**之前也有人做東西給我，但我拒絕了**。

解析：直接說明自己不需要。

179　第10章　試探關係

> **案例 4**
>
> 對方：只要你高興，我什麼都願意做！
>
> 回應：**請不要這麼做，我承受不起你的好意。你如果這樣做，我會覺得你不夠成熟。**
>
> 解析：直接拒絕對方，同時表達對方行為帶來的負面效應。

保持頭腦清醒：反「美好願景與夢幻承諾」

在建立關係初期，對方可能會透過繪製美好的未來願景，或做出某種承諾來拉近和你的距離。雖然這種承諾聽起來令人嚮往，但實際上可能是不切實際或虛假的。對方的目的是讓你陷入情感依賴，更容易被操控。

常見情境

- **規劃美好未來**：在雙方還沒確立關係的時候，對方就頻繁地談論你們兩人美好的未來，例如共同買房、一起旅行。
- **過早輕易承諾**：對方過早地做出重大承諾，如結婚、共度餘生等，這些承諾在關係初期顯得有些虛無縹緲。
- **做出情感誘導**：對方利用美好的承諾，誘導你在情感上做出回應，讓你建立起一種對

- **忽視現實問題**：在討論未來計畫時，對方往往忽視或輕描淡寫地應對實際會面臨的問題，只強調美好和積極的一面。

應對策略

在建立關係初期，對方就進行過於理想化的未來規劃和承諾，這時我們可以理性判斷，與對方溝通現實情況，說明自己的立場，並進一步觀察對方的行動，確保自己不會因為虛假的承諾而陷入潛在的操控之中。

- **理性判斷**：面對關於美好未來的承諾，保持理性思考和判斷。考慮這些承諾是否切實可行，以及對方是否真的有能力和意願實現它們。
- **溝通現實**：與對方坦誠溝通，表達你對現實問題的考量，以及對未來的真實期望和計畫，同時詢問對方對所做承諾的實際看法和準備。
- **挑明立場**：明確告訴對方，你不會僅基於對方對未來的承諾就做出重大的情感決策，讓對方知道你們之間的關係需要在相互了解和信任的基礎上逐步發展。
- **觀察行動**：觀察對方的實際行動是否與承諾相符。真正有意願實現承諾的人，會透過行動而不僅是言語來證明自己的誠意。

典型話術

案例1

對方：將來我們可以在海邊買一幢大房子，你想做什麼都可以。

－解析：表達雙方關係並沒有到做出這種承諾的程度。

回應一：你想得太遠了，我們好像還沒到討論這類事的程度。

回應二：你說的「將來」是什麼時候？這件事如何實現呢？你的想法很好，不過以我們目前的收入，好像離你說的狀態有點遠。也許你可以更務實一些？

－解析：要求對方提出具體的做法，並表達自己已經發現對方在說大話。

案例2

對方：我想帶你去浪漫的巴黎，然後再一起去東京。

－解析：把想像拉回現實。

回應一：旅行會花滿多錢的，你哪裡來的錢？

－解析：以玩笑回應，委婉拒絕。

回應二：這件事也許用唱的比說的好聽。你都不用上班嗎？

案例3

對方：將來你就搬來我們家吧，我會照顧你。

回應一：**謝謝，不過我覺得你現在好像連自己都照顧不好。**

▆ 解析：聚焦現實問題。

回應二：**你說的「照顧」具體指的是什麼？**

▆ 解析：要求對方澄清細節。

第 11 章 戀愛關係

健康的感情關係應建立在相互尊重、信任和獨立的基礎上。然而有的伴侶可能會纏著你、控制你,把兩人綁在一起;有的伴侶為了更全面地控制,可能會用各種方式讓你疏遠周圍的人;有的伴侶為了左右對方情緒,可能會故意表現得陰晴不定。

維護獨立人格:反「任何事都與對方綁定」

在正式確立情侶關係後,如果對方開始嘗試控制你,將自己的喜好、決策和價值觀強加於你,限制你的個人自由和人格發展,你們之間將形成一種不健康的情感關係。

這種控制行為可能表現在多種方面,比如限制你的社交活動、個人興趣,甚至是對穿著打扮的選擇。

常見情境

- **經濟控制**：對方可能試圖控制你的經濟狀況、影響你的財務決策。可能會要求你透露個人財務資訊，左右你的收入和支出。

- **決策控制**：對方試圖在兩人關係中占據主導地位，不允許你在重要事務中擁有發言權，要求你在做所有決策時都必須考慮他的感受。

- **行動控制**：對方做任何事都要與你綁在一起，並要求你做任何事也都要向對方「報告」。如果你有什麼事沒告訴對方，對方就會表達出強烈的不滿。

應對策略

面對伴侶的控制行為，要保持界線，以開放溝通、找尋共識和堅定立場的方式，有效地應對和改善這種不健康的狀態。

- **保持界線**：對於讓你情感上不舒服，或者已經跨越你心理邊界的行為，要第一時間表達自己的立場和感受。

- **開放溝通**：試著與對方進行坦誠、開放的溝通，表達你對控制行為的擔憂和它對你的影響。

- **找尋共識**：你可以找一些關於感情心理關係的資訊，以促進彼此關係為由，請對方一

185　第 11 章　戀愛關係

- **堅定立場**：如果對方的控制行為持續存在，嚴重影響到你的幸福感。你可能需要考慮進一步堅定自己的立場，包括暫時分開或結束關係，來及時保護自己。

起共同學習。

典型話術

案例1

對方：你為什麼要買那件衣服？那件衣服不適合你，不要買比較好。

回應一：對不起，我買衣服是為了自己，我自己覺得好看就行。再說，我也沒用你的錢買，你著急什麼？

解析：明確邊界。

回應二：謝謝你的意見，我想知道那件衣服哪裡不適合我。你為什麼會這樣想呢？

解析：要求對方說明細節。

案例2

對方：你應該穿我幫你選的那種衣服。

回應一：看來我們審美觀不一樣，我希望你能像我尊重你一樣，尊重我的喜好。

反PUA生存指南　186

- 解析：維護邊界。
- 回應二：**我發現你控制欲很強耶，如果你連我穿什麼都要管的話，那我們可能不適合。**
- 解析：透過堅定立場來抵禦控制。

案例3
- 對方：你要去那個活動嗎？我跟你一起去。
- 回應一：謝謝你，不過我可以自己去，不需要麻煩你。
- 解析：直接禮貌地回絕。
- 回應二：**不好意思，我去的那個活動不能帶朋友。**
- 解析：找個理由回絕。

案例4
- 對方：我後天要去參加一個活動，你跟我一起去吧。
- 回應一：**對不起，我後天有自己的事，沒辦法跟你一起去。**
- 解析：直接禮貌地回絕。

案例5

- 回應二：我想知道我有什麼必要跟你一起去？
- 解析：要求對方說明細節。

對方：你沒有在我身邊，我就會很沒有安全感。

- 回應一：你出現這種情況多久了？我有個朋友跟你一樣，後來去看了心理師。你或許也可以去諮商看看？
- 解析：表達對方的情感綁架引起了你的擔憂。

- 回應二：你聽起來有點像巨嬰，讓我覺得自己不是在跟一個大人交往耶。
- 解析：諷刺對方的情感綁架。

維繫健康社交：反「逐漸讓你疏遠周遭朋友」

在確立情侶關係後，對方可能會嘗試控制你的社交生活，促使你疏遠朋友或家人，限制你與外界的接觸。這種行為不僅侵犯了你的社交自由，也是一種隱蔽的情感操控。這種行為造成的影響，可能讓你的家人和朋友覺得和你接觸是打擾你，加深你對另一半

反PUA生存指南　188

的依賴，從而讓你落入對方設下的陷阱。

常見情境
- **控制社交**：對方試圖限制你與周圍朋友的互動，可能會無理要求你減少與他們的見面次數，或者干涉你的社交方式。
- **限制交往**：對方可能試圖限制你與特定朋友的來往，可能會刻意說出負面評論，或直接要求你不可以與某些友人聯絡。
- **疏遠家人**：對方可能對你與家人的親密關係表示不滿，試圖減少你們的交流和相聚，以增加對你的控制。
- **質疑動機**：每當你想要與外界接觸時，對方可能會質疑你的動機，甚至無端嫉妒，製造爭吵，讓你為了避免衝突而放棄社交。
- **監控社交**：對方可能試圖查看你的手機、監控你的社群帳號，以獲悉你與周圍友人的交流內容。

應對策略

面對伴侶試圖控制自己社交生活的情況，應該堅定立場來保護自己的社交自由，維護自己的社交關係網和個人獨立權。必要時尋求外部的支持幫助，或評估兩人之間的關係，及時

拉開距離。

- **堅持社交自由**：在任何健康的情侶關係中，個人都應保持社交自由。與朋友和家人的關係對於個人的幸福感和身心健康至關重要。
- **維護社交關係**：與伴侶進行坦誠的溝通，明確表達社交自由的重要性，以及你不會接受任何形式的無理要求或控制，來剝奪自己的社群友人。
- **尋求支持幫助**：如果對方的控制行為讓你感到不適或困擾，可以尋求朋友、家人或專業人士的幫助和建議，為這段關係提供更專業的解決方案。
- **評估兩人關係**：這段關係是否真正符合你的需求、是否能健康平等地互動？如果對方的控制行為持續不改，需要重新考慮這段關係的未來。

典型話術

案例1

對方：我不喜歡你和那個人聊天。

回應一：**抱歉，我不能因為你不喜歡就背棄我原本的朋友。**

——解析：直接表達邊界。

反PUA生存指南　190

回應二：這樣啊，那以後我和那個人聊天的時候，就不告訴你了哦。
— 解析：用輕鬆一點的口吻來表達邊界和不滿。

回應三：我也不喜歡你跟某些人聊天，但我尊重和信任你，所以不會干涉你。因此，也請你不要干涉我的社交自由。
— 解析：要求關係的平等和互相尊重。

回應四：所以你的意思是不信任我嗎？如果彼此之間沒有信任，為什麼還要在一起？
— 解析：推理對方動機，藉機質疑對方。

案例2
對方：我那天聽到你朋友在背後說你壞話。
回應：是嗎？我們都認識多少年了，這不像是他的行事作風，我下次當面問問他吧。
— 解析：不輕信對方的話，表明有誤會當面講清楚。

案例3
對方：你再跟那個人聊天，我們就分手吧。

回應一：好的。你現在因為這樣的事就跟我提分手，以後早晚也是要分手的。

■ 解析：順水推舟，不受對方的威脅。

回應二：如果你非要我在那個人和你之間選一個的話，我寧願選那個人，不是因為我跟那個人的關係有多好，而是因為那個人比較像正常人。

■ 解析：順水推舟的同時，表明對方的問題。

案例4

對方：你爸媽為什麼老是來看你？

回應一：不論你怎麼理解子女與父母之間的關係，那都是你的想法。你不能拿你的想法來要求我。

■ 解析：表達邊界。

回應二：**我爸媽常來看我，有什麼問題嗎？**

■ 解析：請對方提出具體的說明。

反PUA生存指南　192

案例5

對方：你有我就夠了，還跟別人見面做什麼？

回應：**你的意思是，有你之後，我就得過過隱居生活嗎？**

▎解析：用延伸推演法，說明對方要求的荒謬。

安置恐懼不安：反「突如其來的負面情緒」

在戀愛關係中，如果對方試圖製造恐懼感和不安，以自己的陰晴不定來控制你的情緒，這種行為有可能正是PUA。

假如你一見到對方就會產生莫名的緊張情緒，發現自己開始特別在意對方的感受，對方情緒小小的變化都能引發你的內心波瀾，這時候你可能已經身陷PUA之中了。

常見情境

- **情緒爆發**：對方可能會在不合理的情況下突然情緒爆發，對小事大發雷霆，讓你感到困惑和害怕。
- **情緒勒索**：對方暗示你如果不滿足他的要求，他就會情緒失控。這讓你必須不斷努力來維持其情緒穩定。

- **情緒變化**：對方的情緒陰晴不定，讓你始終處於不安之中，不知道什麼時候就會觸發對方的負面情緒。
- **恐嚇控制**：在情緒爆發後，對方可能會使用恐嚇的手段，比如威脅分手來控制你的行為或決定。

應對策略

面對伴侶的情緒操控和製造的不安，要保持冷靜，說明自己的立場，嘗試與對方溝通。如果發現這種情況很嚴重且無法解決，可以尋求外部幫助，增強自我意識，並評估彼此的關係，考慮是否退出這段關係。

- **保持冷靜**：面對對方大幅變化、爆炸的情緒，盡量冷靜，避免被對方影響。
- **說明立場**：在對方開始表現出情緒異常時，就明確告訴對方，雖然你理解和尊重對方的情緒，但不會接受對方透過情緒操控或恐嚇來控制你的行為。
- **嘗試溝通**：在對方情緒穩定時，嘗試和對方溝通，指出其行為對你和這段關係的影響，並探討更健康解決衝突的方式。
- **求助外部**：如果對方在情緒激動時伴隨對你使用暴力、造成傷害，或採取強硬措施，建議報警或尋求親屬、朋友的幫助。保護好自身安全，遠離對方。

反PUA生存指南　194

- **增強自我意識**：增強對自己情緒邊界和個人需求的認識，保持獨立的個性，不要讓對方輕易跨越你的意識邊界，影響你的自由意志。
- **評估關係**：這段關係是否對你有益、是否值得繼續？如果對方的行為持續不變，你可以考慮退出這段關係。

典型話術

案例1

對方：你明明知道我不喜歡吃這個，為什麼還要做這個！

回應一：**等你冷靜之後，我們再溝通吧**。

- 解析：對方情緒激動時，可以先不與對方溝通。

回應二：**這已經是你第五次莫名其妙對我發脾氣了，前面幾次我已經告知你，你依然不改。抱歉，我只能跟你說再見了。**

- 解析：等對方情緒平緩下來時，冷靜表達自身訴求和決定。

案例2

對方：你如果再不考慮我的感受，我們就分手吧。

195 第11章 戀愛關係

回應：可以啊，如果你每次都這樣動不動就發脾氣，那分手確實是唯一的選擇，因為我不知道還要怎麼考慮你的感受。

━解析：順水推舟，當斷則斷。

第 12 章

婚姻關係

有的人在與你成為夫妻之前,可能看不出有問題;成為夫妻之後,就開始逐漸忽略你的感受,不在乎你的想法和需求。對方可能為了鞏固自己的家庭地位、贏得更多的話語權,而持續地貶低或否定你,並且為了加劇這種否定,讓你產生更深的自我懷疑,可能會把家庭中所有問題的責任全部推給你。

掌控自主權:反「無視個人夢想和需求」

在婚姻關係中,如果對方開始無視你的夢想和需求,試圖削弱你的自主權,這種行為可能導致你們的關係失衡。長期這樣下去,可能會對你的心理健康和幸福感造成嚴重損害。遇到這種情況,你需要認真看待,並採取相應的措施。

常見情境

- **忽略你的職涯抱負**：對方完全不考慮你的職涯發展和夢想，甚至阻礙你追求個人的職涯發展目標，希望你一切都聽他的，圍著他來轉。
- **貶低你的興趣愛好**：對你的興趣和愛好表示不屑，試圖讓你相信自己的喜好很無聊，使你逐漸放棄個人愛好。
- **忽視你的想法決策**：在一些重要的家庭決策上，完全不考慮你的想法，或者不與你商量，自己直接做出決定。

應對策略

在婚姻關係中，可以藉由有效溝通協商、設立明確界線和設定共同目標的方式，幫助自己改善被另一半無視夢想和需求的狀態，促進更健康和平衡的伴侶關係發展。

- **有效溝通協商**：在合適的時候，坦誠地與伴侶溝通你的感受和需求。清晰地表達你的夢想、職涯目標是什麼，告訴對方這些對你來說很重要。
- **設立明確界線**：劃出你的界線，指出你不願意在哪些方面妥協。例如你覺得現在的職位對你很重要，無論如何都不想放棄。
- **設定共同目標**：嘗試與伴侶共同制定家庭和個人的目標，這有助於雙方理解和尊重彼

反PUA生存指南　198

此的需求，為完成這些目標共同努力。

典型話術

案例1

對方：你現在已經成家有孩子了，一切應該以家庭為重，怎麼每天回家了還想著工作？

回應一：**我努力工作，是想給孩子建立積極的榜樣。這和以家庭為重哪裡有衝突？**

— 解析：對方想說你的行為對家庭不利，你可以用正向的心態來回應。

回應二：**你說的「以家庭為重」具體指的是什麼？我對家庭哪裡做得有問題嗎？**

— 解析：要求對方說明細節，從而找出對方的邏輯漏洞。

案例2

對方：那份工作有什麼好的？不要做了。

回應一：**你一向都很通情達理，不會在我的職涯上不講道理吧？**

— 解析：讚美對方品行，委婉表明自己的立場。

回應二：**謝謝你的關心，我自己的工作，好不好我自己最清楚。**

— 解析：維護邊界。

案例3

對方：你的工作根本沒有價值，辭職吧！待在我身邊不是更好嗎？

回應：**謝謝你的好意，但我希望你能尊重我的工作。雖然賺的錢可能不多，但它能給我安全感。**

— 解析：解釋自己行為的目的，確立邊界。

案例4

對方：你都到這個年紀了，還要考證照嗎？有什麼必要呢？

回應：**因為你自己不喜歡學習，就希望我跟你一樣嗎？我的人生，我可以自己做主。**

— 解析：用強調個人選擇的方式來維護邊界。

案例5

對方：你那事業不會成功的，最後一定會賠錢。

回應：**不試試怎麼知道呢？就算最後真的賠錢了，我也能在過程中收穫經驗，這對我來說是充實的。我不希望你總是潑我冷水。**

解析:表明自己對事業的看法,並說出對方的問題。

重新找回自我:反「自尊被持續貶低否定」

在婚姻關係中,對方持續否定你,貶低你的工作、能力、成就,這些行為不僅損害你的自尊心和自信心,還可能導致長期的心理壓力和自我懷疑。這種負面的情況需要認真對待,並採取相應措施來保護自己。

常見情境

- **持續否定批評**:對方經常批評你的決定和行為,很少給你正面的回饋或支持,這種否定很可能是出於嫉妒。
- **貶低個人努力**:對方不認可你的個人努力,說你的努力毫無價值。
- **貶低個人能力**:在面對你的成功時,對方歸於外部因素,無視你的成績,不承認這是你的個人能力。
- **削弱個人自信**:對方藉由不斷地貶低和否定,讓你開始懷疑自己的價值,減少自我肯定,甚至逐漸失去自我。

第 12 章 婚姻關係

應對策略

面對婚姻關係中的持續否定和貶低，可以透過確認自身價值來自我肯定，藉由溝通自己的感受來守護彼此交流的邊界，並以加速個人成長來幫助自己重建自信，維護自身健康的心理狀態。

- **確認自身價值**：自己的價值和能力不應該由別人的看法來定義。你要花時間總結自己的成就和優點，維護自尊和自信。
- **溝通個人感受**：找一個合適的時間，心平氣和地向伴侶表達其言行對你產生的影響，清楚地說明你無法接受這種行為。
- **守護交流邊界**：明確告訴對方你不會容忍任何形式的貶低和否定。必要時，可以考慮透過與對方保持一定的距離來保護自己。
- **加速個人成長**：透過參加課程、讀書等方式來增強自身能力、加速個人成長。這不僅能提升自我價值感，也有助於建構外部的支援系統。

典型話術

案例1

對方：你怎麼連這點小事都做不好。

- 回應一：是我做不好，還是你認為我沒做好？請你具體說明我哪裡沒做好。
- 解析：要求對方說明細節。
- 回應二：你的意思是你能做好嗎？那你做給我看看。
- 解析：要求對方實際做做看，而不只是口頭評價。
- 回應三：哦，你都能做好，對嗎？那以後這些事全部交給你做。
- 解析：順水推舟，把問題拋給對方。

案例2

對方：你折騰了半天，有什麼結果？還不如好好待在家裡什麼都不做。

- 回應一：一個什麼都不做的家長對孩子的成長更好？就算我努力之後沒有成果，至少我的努力能帶給孩子正向的激勵。
- 解析：以對共同目標有利為名，表達自身行為正當。
- 回應二：我努力嘗試，不也是為了這個家嗎？再說我又沒有要求你付出什麼，只是付出了我自己的時間，你有什麼意見？

203　第 12 章　婚姻關係

解析：劃定邊界，表達自身行為正當。

案例3

對方：就你這種狀況，恐怕也只有我會愛你。

回應一：我是什麼狀況？如果我們在一起不是因為彼此欣賞，而是因為你可憐我，或者你想保護弱小，那大可不必。

解析：要求對方澄清，並表明自己立場。

回應二：你這麼說，讓我覺得自己好像是一個垃圾，而你是個撿垃圾的人。如果你這麼想，那我們不適合在一起。

解析：藉助對方話語邏輯表明自己立場。

抵禦自責愧疚：反「所有過失都歸咎於你」

在婚姻關係中，如果對方持續把問題和責任都推給你，總是讓你感到自責、愧疚、自慚形穢，要你反省等等。這反映出你們的溝通關係是不平等的，可能導致你受到嚴重的情感傷害，長期下去或許會對你的心理健康產生負面影響。

反PUA生存指南　204

常見情境

- **持續指責**：無論發生什麼問題，都歸咎於你，即使這件事與你無關。
- **缺乏擔當**：對方從不承認自己的錯誤或責任，總是找藉口搪塞。
- **使你質疑自我**：長期的指責使你開始懷疑自己的判斷力，甚至感到自卑。
- **設置溝通障礙**：當你嘗試討論問題時，對方卻不正面回應，轉而攻擊你的性格或你以往的錯誤。

應對策略

健康的婚姻關係應該建立在相互尊重、理解和支持的基礎上。面對另一方總是否定自己時，你需要保持自我肯定，嘗試情感溝通，尋求外部幫助和保留選擇權，保護自己的情感健康和自尊心。

- **保持自我肯定**：清楚知道自己的狀態，客觀判斷究竟是不是自己的問題。要明白不是所有的責任都在於你，給自己一些鼓勵和積極的心理暗示。
- **嘗試情感溝通**：找一個對方冷靜的時候，和對方嘗試溝通關係中存在的問題，指出對方對自己的指責已經傷害到了自己。
- **尋求外部幫助**：如果你有些事想不通，可以找自己信賴的朋友或家人，保護自己的健

- **保留選擇權利**：不要禁錮自己的思維，把自己困在某個狀態中走不出來。永遠不要忘了，如果你改變不了對方，你還可以選擇離開。

康社交關係。如果情況嚴重，可以找婚姻諮商或相關心理師幫忙。

典型話術

案例1

對方：這全都是你的錯。

——解析：要求對方解釋細節。

回應：**你從哪裡看出來這全都是我的錯？我具體錯在哪？**

案例2

對方：為什麼我家每次出狀況都是因為你？

——解析：說明觀點並非事實。

回應一：**因為這只是你的觀點。**

——解析：說明是對方的問題。

回應二：**因為你只會怪別人，不會從自身找原因。**

案例3

對方：你是我見過最差勁的人。
- 回應一：**那你為什麼要跟我結婚呢？**
- 解析：用對方的邏輯反駁對方。
- 回應二：**你也是我見過最會責怪別人的人。**
- 解析：用對方的表達方式回擊對方的觀點。

案例4

對方：我這麼倒楣，都是因為你！
- 回應：**看來你認為我就是你一切問題的根源。要是這樣，不如我離開，問題就解決了。**
- 解析：順水推舟，表明自己的想法和決定。

第 5 部

反家庭 PUA

　　除了職場關係和感情關係,家庭關係中也會有 PUA 的情形,尤其是家庭中的長輩或處於強勢地位的人,可能習慣 PUA 晚輩或身處弱勢地位的人。家庭 PUA 常見於婆媳關係、親子關係、親屬關係這三類當中。

第 13 章

婆媳關係

本書用婆媳關係指代公婆、岳父母、與媳婦、女婿之間的關係,而這樣的關係是婚姻家庭生活中必須要學會處理的。

在一些家庭中,長輩可能想讓媳婦／女婿覺得能跟自己兒子／女兒結婚是高攀,可能要晚輩非遵循某些傳統禮俗不可,也可能過分干涉媳婦／女婿與自己兒女的生活。

回擊老王賣瓜:反「能與我的兒女結婚,是你的福氣」

在婆媳關係中,最常見的PUA是家族長輩認為媳婦／女婿配不上自己的兒女。有些公婆會暗示自己兒子是全世界最優秀的,也有些岳父母認為能娶到自家女兒是對方上輩子修來的福氣。

反 PUA 生存指南　210

常見情境

- **不斷比較**：家族長輩經常將媳婦／女婿的行為和自己子女的期望相比較，強調自己子女的優點，暗指媳婦／女婿應該怎樣做才能配得上自己的子女。
- **忽視努力**：家族長輩可能會忽略或貶低媳婦／女婿為家庭所做的努力和貢獻，認為對方做的這些都是應該的，同時過分誇大自己兒女對家庭的作用。
- **過度干預**：在生活的方方面面對晚輩夫妻提出要求，以「為你好」為由，實是過度干預和控制。

應對策略

處理婆媳關係中的這類問題需要時間、耐心和相互之間的理解。透過保持冷靜尊重、維護自尊自信、嘗試尊重溝通、盡量聚焦正面，以及避免直接接觸等方式，逐漸改善婆媳之間的關係，營造一個更和諧的家庭環境。

- **保持冷靜尊重**：儘管眼前情況讓你生氣，但公婆／岳父母畢竟是長輩，任何衝動的言詞或不尊重的回應都可能導致關係惡化。
- **維護自尊自信**：認知到自己的價值不取決於別人的評價。保持自尊，不因為家族長輩的言論而懷疑自己的價值。

第 13 章　婆媳關係

典型話術

案例 1

- **嘗試尊重溝通**：找個合適的時機，以尊重和理解的態度與家族長輩溝通。表達你的感受，同時也嘗試理解長輩的出發點。你可以強調你希望共同努力，建立一種互相尊重和理解的家庭關係。
- **盡量聚焦正面**：盡可能聚焦於和家族長輩相處過程中的積極面，避免無休止的爭執。盡量體諒、理解——改變別人的觀念可能需要時間。
- **避免直接接觸**：如果已經很努力了，情況仍沒有改善，可以想辦法減少與家族長輩相處的時間，給自己更多獨立的時間和空間。

長輩：以前，我兒子／女兒可是有很多人追的。

回應一：是嗎？我跟他認識這麼久，從來沒聽他提過耶。您這麼一說，我可能要想一下我們之間是否彼此坦誠了⋯⋯不知道那些人還有沒有再跟他聯繫？

解析：藉家族長輩對自己兒女的褒獎，反過來質疑他的兒女有事瞞著自己，讓長輩感覺到自己好像說錯話了，會對自己兒女的婚姻關係造成影響。

回應二：他是不是沒告訴您，當初有十幾個人同時追我，我最終選擇了他。

解析：正面回應家族長輩的優越感，讓長輩知道你也不差。

案例2

長輩：你怎麼連這都不會做？你看我兒子／女兒，多少事情都是他做！

回應：**我確實不會做這件事。您想表達的具體意思是？**

解析：告知長輩如果有什麼不滿，可以當面具體地說清楚，不必冷嘲熱諷。這種情況下，你打破砂鍋問到底，對方反而容易知難而退，不敢說了。

案例3

長輩：能嫁給我兒子／娶到我女兒，是你的福氣，你可開心了吧。

回應：**他經常跟我說，能與我結婚是他一輩子的福氣。婚姻中兩個人是彼此的禮物，也是彼此的幸福。**

解析：表明家族長輩對夫妻關係的認知和夫妻兩人間的實際狀況並不相符，暗指有些事只是他們的一廂情願，他的兒女並不這麼想。

案例 4

批判封建禮教：反「媳婦就該三從四德，女婿就該賺錢養家」

常見情境

- **價值觀侵犯**：家族長輩堅持按照自己對家庭角色的理解來要求晚輩夫妻，認為媳婦／女婿應該按照自己要求的行為模式做事。
- **人生觀衝突**：對於該如何過好自己的人生，家族長輩期望媳婦／女婿完全遵循自家的傳統習俗和規範。

在一些婆媳關係中，長輩可能抱有傳統的觀念，認為晚輩就該遵守某些規範禮教，對晚輩的道德、行為、修養等有某種要求，並期望晚輩完全服從長輩自家的要求。

長輩：這個家全靠我兒子／女兒，沒有他，你哪裡來的幸福生活？

回應：**我理解您對您兒子／女兒的愛，以及他帶給您的驕傲，我也非常尊重和珍視我們的家庭。但我希望我們都可以視彼此為平等的家庭成員，相互尊重和珍惜彼此。**

解析：直接表達希望擁有彼此尊重的家庭氛圍，這樣相處下來，家庭關係才有可能長久，並委婉表達家族長輩在找碴。

- **自主權設限**：可能對晚輩的個人選擇進行過多的限制，從穿著打扮到職涯決定，都要求符合「三從四德」、「賺錢養家」。

應對策略

面對家族長輩藉傳統禮教要求晚輩夫妻時，晚輩可以透過設立界線和真誠溝通，來平衡雙方的需求和期望；也可以尋求配偶的支持，或者尋找與長輩之間關係的平衡，努力建立一種基於相互理解和尊重的健康關係。還可以不把關注的焦點放在家裡，嘗試從外部來建立自我價值。

- **設立界線**：對於不合理的要求和干預，你可以婉轉但堅定地設立界線，讓家族長輩知道你尊重傳統，但也有自己的生活方式和需求。
- **真誠溝通**：找一個合適的時機，耐心地與家族長輩溝通你的感受和看法，嘗試從長輩的角度理解他們的期望，同時表達你希望如何平衡雙方的生活方式。
- **尋求支持**：與配偶討論這些問題，尋求他的理解和支持。作為橋梁，配偶的態度和行動對能否改善婆媳關係至關重要。
- **尋找平衡**：嘗試找到與家族長輩之間的共同點或興趣，這有助於增進彼此的理解。可以在特定的日子尊重配偶家裡的習俗，在日常生活中保持個人的生活方式。

- 發現自我價值：你的價值不只來自於你在這個家庭中的角色。在家庭以外尋找或維持自己的興趣和社交圈，有助於增強你本身的自我價值感，還可以為你提供額外的情感支援。

典型話術

案例1

長輩：你看某某家的媳婦／女婿，真懂禮數。

回應：**對方確實懂禮數。但您可能沒聽說，那對夫妻正在打離婚官司呢！您再看我們另一對夫妻朋友，沒那麼多禮數，家人之間平等、互相尊重，生活幸福美滿，長長久久。**

解析：用一些負面或正面的例子對比，讓長輩認知到你心中健康的家庭關係。

案例2

長輩：結婚兩年多了，早該生孩子了。不生孩子就是不孝。

回應：**爸／媽，關於生孩子的問題，是我們夫妻之間的事。我們已經溝通好了，在這個問題上您有任何疑問，也可以去問他。**

解析：藉伴侶來平衡觀念問題，不直接與家族長輩起衝突。

駁倒過分干涉：反「長輩干涉晚輩生活」

在一般婆媳關係中，長輩可能比較強勢，過分干涉晚輩夫妻的生活，這種干涉可能涉及生活習慣、家庭決策、育兒方式、個人隱私等多個方面。

常見情境

- **干涉生活習慣**：家族長輩對晚輩夫妻的生活習慣，如飲食、睡眠時間、家務分配等發表意見，並強迫晚輩按照長輩的方式來調整。
- **干預家庭決策**：家族長輩插手夫妻的家庭事務，如買房、生子、休假安排等，認為夫妻雙方應該聽從自己的意見。
- **指導育兒方式**：家族長輩可能對晚輩夫妻的育兒方式提出過度的批評與指教，認為自己的育兒經驗更加正確有效。
- **忽略個人隱私**：家族長輩任意闖入晚輩夫妻生活，例如不敲門進入媳婦的私人空間，或未經允許就翻動女婿的個人物品。

應對策略

面對家族長輩干涉自己的生活，身為晚輩夫妻，可以和伴侶統一看法，制定雙方認可的

規則，透過保持社交距離，保護私人空間、開家庭會議等方式，尋找與長輩和諧相處的方法，維護家庭關係的平衡。

- **統一看法策略**：與你的伴侶討論並達成一致的看法和策略，確保你們在重要問題上立場一致，並共同面對家族長輩的干涉行為。

- **共同制定規則**：在某些具體事項上，與伴侶一起嘗試和家族長輩討論，共同制定一些大家可以接受的規則。

- **保持社交距離**：與伴侶討論並確定家庭界線，然後一起向家族長輩明確地表達這些界線，強調彼此尊重的重要性，以及保持一定距離的合理性。

- **保護私人空間**：對於私人空間和個人物品，需要堅定地維護自己的隱私權。禮貌但堅決地拒絕任何侵犯個人隱私的行為。

- **進行家庭會議**：定期舉行家庭會議，討論家庭事務，包括每個人的期望和需求。這有助於增進理解和減少誤會。

典型話術

案例1

長輩：你怎麼懷孕了還穿高跟鞋？

反PUA生存指南　218

案例2

長輩：你怎麼給孩子吃這個？這很沒營養！

回應一：我們半年來就吃這麼一次。我是孩子的父母，跟您一樣擔心孩子，不會希望自己的孩子健康出問題。

━解析：解釋過後，說明邊界。

回應二：我朋友是專業的營養師，我已經請教過她了。如果沒有把握，我也不會讓孩子吃這個。

━解析：用專業說話。

回應三：您不是經常說我是吃這個長大的嗎？再說孩子半年才吃這一次，影響很小。

━解析：藉對方的觀點反駁對方。

回應：我今天有個活動，只穿一下子。懷孕該注意什麼我都知道，我能照顧好自己。

━解析：對於家族長輩的一些誤解，不要著急爭辯，直接解釋即可。

案例3

長輩：我幫你們帶了三年孩子，難道不能對你們的生活提點意見嗎？

回應：您當然可以提意見，我們尊重您的意見，也會慎重考慮您的意見。但我們有自己的生活，最終決定時會考慮很多因素。

━解析：面對情感綁架，客觀表明立場。

第14章 親子關係

有的父母對子女缺乏正確的教育理念，一味打壓和否定子女，總拿子女與別人比；有的父母不許子女有自己的想法，過分控制子女的人生；還有的父母為了讓子女達到自己期望的樣子，不惜「賣慘」示弱，頻頻道德綁架子女。

衝破打壓否定：反「拿你與別的孩子比」

有的父母常常打壓和否定孩子，習慣將自己的孩子與別人家的孩子相比較。透過讓孩子自我否定，完成對孩子某種理念的灌輸，或促成孩子產生某種行為。

常見情境

- **打壓式比較**：父母將你的成就、行為或性格與別人家的孩子進行比較，顯示你不如別

221　第 14 章　親子關係

人家的孩子。尤其是當他人所處的環境或條件不如你時，更加顯示你不應該像父母所說的那樣不優秀。

應對策略

面對父母的打壓和否定，可以嘗試積極主動地溝通，從而為彼此設定界線。透過獨立思考和自我肯定，來保護自尊。最重要的是，必要時，可以尋找外部支援。

● **忽視個人成就**：父母忽略或貶低你的成績、成就或努力，總是指出不足之處，很少給予正面的認可和鼓勵。

● **設定過高期望**：父母對你設定了不切實際的高度期望，當你未能達到這些期望時，就會遭到批評和責備。

● **主動溝通，設定界線**：找一個適當的時間，以冷靜和理性的方式明確告訴父母，雖然你尊重他們，但不合理的比較和期望是你無法接受的。然後設定清楚的界線，保護自己不受負面影響。

● **獨立思考，自我肯定**：發現並了解自己的優點和成就，自己給自己鼓勵，時常提醒自己，父母的評價不能完全定義你的價值，增強自我肯定和自尊心。

● **尋找外部支持**：從信任的親戚或朋友那裡尋找心靈慰藉，從周圍的人身上得到更多肯

反PUA生存指南　222

定，保持健康的自尊和自信水準。

典型話術

案例 1

父母：你看人家某某的考試成績，你再看看你！別人家的孩子總是那麼優秀，你能不能爭氣一點啊？

回應一：如果我對你們說：「你們看看人家某某的父母，再看看你們！你們能不能爭氣一點？」你們會怎麼想？我們都盡力做好自己，不要過分要求對方可以嗎？

解析：「你看看人家孩子」可以轉變為「你們看看人家父母」，用子女對父母的期望反擊父母對子女的期望。

回應二：某某人的父母每天晚上都會與某某討論功課。你們是不是也跟我討論一下我的功課？或者至少不要在我想學習的時候看電視？別只要求別人付出，只想要好的結果，自己卻不想付出。

解析：把父母對子女的要求轉化為子女對父母的要求，藉此尋求相互理解。

回應三：我已經付出了自己最大的努力，不知道還能做什麼。不管我多努力，在你們這

裡得到的都是失望和不滿……那我以後是不是乾脆不要努力了？

解析：側面表達父母對自己應該多一些理解和鼓勵，而不是一味批評。

案例2

父母：你怎麼這麼笨，這點小事都做不好，你將來還能做什麼？

回應一：**對不起，我就是個笨蛋，已經笨得無可救藥，讓你們失望了。**

解析：順水推舟示弱，讓父母感受到自己的言詞很過分。

回應二：**我想可能是基因遺傳造成的吧。**

解析：比較直接的回應，可以在必要時使用。

案例3

父母：你以前滿優秀的，怎麼現在變成這樣了？

回應：**可能因為我的父母以前滿講理的，現在要求愈來愈高了。**

解析：父母試圖將你與當初的自己對比，你也可以反過來把現在的父母與當初的父母對比。

突破專橫霸道：反「過度控制你的決策」

有的父母仗著自己的身分，對子女過度控制，專橫和頻繁指責，試圖淹沒子女的個人需求，讓子女必須按照他們的方式生活。

常見情境

- **打著「為你好」的名義**：父母會忽視你的想法和需求，說自己要求的一切都是對你有利的，藉此要你做出他們想見到的行為。
- **決策控制**：父母在你的學習、職涯選擇、興趣愛好，甚至社交活動等方面強制做出決策，很少考慮你的真實意願和興趣。
- **倚老賣老**：父母仗著年齡和身分，認為你必須無條件順從他們的意願。
- **各類限制**：有的父母過度干涉子女的私生活，例如檢查個人物品、要求了解所有私人資訊等，嚴重侵犯了子女的個人隱私。

應對策略

面對父母的過度控制和指責，你可以根據自己設定的邊界堅決反駁，透過獨立思考和建構自主生活方式來保護自己的界線。這在一些問題上可以尋求平衡，而對於另一些複雜的問

題，可以向外部尋求幫助。

- **堅決反駁**：如果想擁有獨立自主的生活，可以根據自己設定的邊界，堅決反對父母的控制，告訴父母你尊重他們的意見，但也希望他們尊重你的決策。
- **獨立思考**：在思想和情感上盡可能做到獨立，強化自我決策能力。
- **建構自主生活方式**：建構屬於自己的學習、工作和人際交流等生活方式，減少對父母的依賴。
- **尋求平衡**：對於一些有待商榷和可以進一步思考的決定，不妨與父母坐下來好好談談。彼此在這個問題上也許可以妥協，求得某種觀念或行動上的平衡。
- **尋求外部幫助**：在處理複雜的家庭關係問題時，可以試著尋求外部的幫助，比如請教諮商心理師，以獲得更專業的指導和支持。

典型話術

案例 1

父母：我要求你那樣做，一切不都是為你好嗎？

回應：**我不想那樣。如果真的為我好，我希望是……**

一解析：清楚表達自己的需求。

案例2

父母：我們把你養大，供你吃喝，你現在翅膀硬了，會頂嘴了，我們管不了你了。你真是自私！

回應：**我確實自私，我想要按照我的想法做做看**。

解析：可以不反駁，接受一切負面的指責和評價，然後順理成章應對。

案例3

父母：我是家長，我說不行就是不行，你必須聽我的！

回應：**我是個獨立自主的人，我有我的想法。如果您說得有道理，我也認可，當然會聽。但如果您說的與我的觀念不同，我會聽從自己的內心**。

解析：直接表達立場。

案例4

父母：別人家都是這樣的，你也要……

回應：**別人家指的是誰家？為什麼別人家這樣，我也要這樣？**

解析：要求父母給出事實依據，就算有依據，也不能作為自己行動的依據。

第14章　親子關係

案例5

父母：今天你要是敢踏出這個家門，我們就斷絕關係。

回應一：**我理解你們可能對我的決定感到不滿，我真的希望我們可以坐下來好好討論這件事。**

— 解析：尋求溝通來解決衝突。

回應二：我覺得我們都需要一些時間冷靜，思考一下我們真正想要什麼。我們也許可以暫時先不討論這個問題，給大家一點時間和空間。

— 解析：如果雙方情緒都比較激動，可以提出先不處理，後續冷靜下來後再探討。

回應三：也許這個問題對我們來說非常難處理，我在想是否可以邀請一位親戚／朋友／諮商師來幫忙。有時候別人的意見能幫我們看到不同的解決方式。

— 解析：引入外部支持。

識破悲情威脅：反「賣慘示弱與道德綁架」

有的父母試圖透過示弱、賣慘、倚老賣老或道德綁架的方式控制子女，讓子女背上道德

反PUA生存指南　228

的枷鎖，產生愧疚感，從而對父母百依百順。

常見情境

- **「都是為了你」**：父母會說自己做的一切都是為了你，如為了你吵架、為了你不離婚、為了你犧牲個人時間、為了你放棄職涯或事業。
- **賣慘示弱**：有些父母在遇到問題時過度強調自己的困難和無助，期望子女因為同情而滿足他們的要求。
- **道德綁架**：有的父母一再提醒子女對父母的責任和孝道，使子女產生道德上的負擔，不得不按照父母的意願行事。
- **情感操縱**：有的父母會過度表達失望、傷心或憤怒的情緒，讓子女感覺愧對他們，以此來操縱子女的決策和行為。

應對策略

如果父母對你道德綁架，你可能會產生比較強烈的負面情緒，這時候首先要保持冷靜，然後嘗試溝通並重申個人界線。你可以委婉表達理解，但也表示希望得到父母的尊重。平時也可分享相關知識，盡可能讓父母多了解一些健康家庭關係應有的狀態。

229 第 14 章 親子關係

典型話術

- **保持冷靜理性**：面對這類情境時，雖然你可能會產生強烈的羞愧感或憤怒的心情，但要保持冷靜，避免被情緒化的言論所影響。
- **重申個人界線**：對於不合理的要求，要明確表達自己的界線，讓父母知道你的立場。
- **委婉表達理解**：表達心裡感恩父母的付出、對父母情感表示理解，但同時清楚地表達你無法滿足父母的所有要求。
- **分享教育知識**：如果你的父母一直都有這樣的傾向，可以在日常生活中多分享一些關於健康家庭關係的資訊，幫助他們理解過度控制和操縱的負面影響。

案例 1

父母：為了你，我放棄了事業，你如今竟然……

回應：**您的意思是，如果沒有我，您必然事業有成？所有事業有成的人都沒有孩子嗎？**

一解析：直接反駁父母對自己的負面歸因。

案例 2

父母：你為什麼要去那麼遠的地方呢？難道你不要爸爸媽媽了嗎？

回應：**我去那裡是工作，和要不要你們有什麼關係？現在網路這麼發達，隨時都可以視**

訊；而且交通也很便利，想回來的話，幾個小時就回來了。

解析：用客觀事實回應。

案例3

父母：你知道我為這個家付出了多少嗎？我付出這麼多，還不都是因為你？真是沒心沒肝，一點都不知道感恩。

回應：**謝謝您的付出，可是我也為您不穩定的情緒付出了很多**。

解析：用自身付出回應父母的付出。

案例4

父母：我身體已經很不好了，你要是再氣我，我的病會更嚴重。

回應：**我沒有氣您，我長大了，只是在過自己的生活，是您自己看不慣**。

解析：直接反駁父母對自己的負面歸因。

第15章 親屬關係

在親屬關係中,總會有一些好管閒事的親戚,想要插手你的人生。有的親戚可能想插手你的婚戀狀況,讓你按照他們期望的狀態戀愛、結婚;有的親戚可能想插手你的職涯規劃,讓你從事他們期望的職業;還有親戚想要插手你生活中的一切,影響你的價值觀,左右你的選擇。

掌控人生規劃:反「三姑六婆催婚」

逢年過節等家庭聚會的場合,很多人要面對親戚的催婚,這種過度干涉會讓你感到有壓力和不自在,長期身處這種環境會讓人感覺很痛苦。

常見情境

- **詢問催促**：家庭聚會時，親戚不斷詢問你的感情狀況，對你的單身／戀愛狀態表達關切，甚至是不滿。
- **比較競爭**：親戚將你與其他已婚的家庭成員或朋友比較，對你強調結婚的重要性和緊迫感。
- **「提供幫助」**：不請自來地提出幫你介紹對象，甚至在未徵得你同意的情況下就安排相親。
- **施加壓力**：藉助傳統文化和道德觀念施加壓力，認為結婚生子是個人的必經階段和責任，逼你做出改變。

應對策略

面對親戚的催婚，可以預先準備回應，維護個人界線和強調個人選擇；嘗試轉換話題，減少不必要的衝突；必要時尋求同類人的支持和幫助。

- **預先準備回應**：對於催婚話題，提前根據可能會詢問的親戚情況，準備一些既有禮貌又能有效轉移話題的回應。
- **維護個人界線**：堅定但禮貌地向親戚表達你對這種催婚行為的感受，讓他們知道這種

233　第 15 章　親屬關係

- 持續的詢問和干預讓你感到不舒服。
- **強調個人選擇**：強調結婚是個人的選擇和決定，每個人的生活節奏和人生規劃都不同，不應該被外界過度干預。
- **轉換話題**：學會巧妙地轉換話題，將聚會的焦點從個人的婚戀狀態轉移到別的話題上，例如當下新聞、親戚間的新鮮事，或對方更關注的人事物等。
- **避免衝突**：如果直接回應無效，可以盡量避免參與可能會遭遇催婚逼問的家庭聚會，或找藉口暫時離開催婚逼問的場合。
- **尋求支持**：和處於類似情況的朋友或家族成員交流，尋找共同的應對策略，互相提供支援和幫助。

典型話術

案例1

對方：你都三十歲了，你爸媽早就希望你結婚了，你怎麼那麼不聽你爸媽的話呢？

回應：**我是三十歲，又不是三歲，怎麼還是在關心我聽不聽話呢？**

解析：俏皮式回應，淡定應對話題。

反PUA 生存指南　234

案例2
- 對方：長這麼大了啊,有沒有對象?要結婚了嗎?準備什麼時候結婚?
- 回應：我不著急……那您兒子現在怎麼樣了?畢業了嗎?有沒有工作?對職涯有什麼規劃?談戀愛了嗎?準備什麼時候結婚?
- 解析：反問對方,轉換話題。

案例3
- 對方：你條件這麼好,怎麼還不找對象呢?
- 回應：您孩子也不小了,條件比我還好,怎麼也還沒找對象啊?
- 解析：轉移矛盾。

案例4
- 對方：怎麼都不談戀愛呢?
- 回應：**我不想聊這個話題,這是我個人的事情,不想跟別人討論。**
- 解析：直截了當說明邊界。

235　第 15 章　親屬關係

案例5

對方：我正好認識一個不錯的人，我安排你們見個面聊聊吧。

- 回應一：**不好意思啦，我這個人有一大堆的缺點……**
- 解析：自損式回應，以拒絕對方。
- 回應二：**我的人生已經有安排了，我準備這一年先衝刺事業／留職停薪休息一陣……**
- 解析：說明自己的人生規劃。

堅定個人追求：反「對職涯品頭論足」

有的親戚可能在聚會時頻繁對你的職業品頭論足，或不斷拿你與別人的事業來比較，導致你產生莫大壓力和感到挫敗，試圖影響你的價值觀或職涯選擇。

常見情境

- **職涯建議**：親戚試圖告訴你什麼樣的職業是「好」的、哪些職業有「前途」，即使這些建議並不符合你的價值觀，或並不適合你的興趣。
- **職業比較**：親戚經常拿你的工作與其他人的工作比較，包括薪水、職位或行業地位

反PUA生存指南　236

等，特別是與那些在傳統意義上看起來更成功的親友比較。

- **忽視成就**：即便你在當前職涯中已經取得了一定成就，客觀上已經是個佼佼者了，親戚也可能忽視這些成績，認為你如果換個行業會發展得更好。
- **貶低選擇**：對於你選擇的職業領域或特定工作，可能持負面態度，認為這些選擇不夠好或不值得驕傲。

應對策略

面對親戚對你的職業品頭論足，要保持自信，堅定自己的選擇，並透過有效溝通和設定界線來減少負面影響。可以試試轉換話題，同時，要專注於個人職涯發展和成就，必要時找理解自己的人尋求安慰。

- **堅定選擇**：清楚知道自己為什麼選擇當前的職涯，比如個人興趣、想達成的目標和長期規劃。這樣在面對親戚評價時，你可以更加自信地堅持自己的決定。
- **有效溝通和設定界線**：向親戚表達你對自己職涯選擇的滿意度，說明親戚的言論對你有什麼影響，強調你希望得到的是支持而不是批判。明確告知親戚，雖然你尊重他們的意見，但職涯決策是你個人的事。如果有必要，可以表明你在某些話題上不希望繼續討論。

典型話術

- **轉換話題**：在家庭聚會或其他場合遇到對你不友好的職涯評價時,學會巧妙地轉換話題,避免不必要的爭執或壓力。
- **專注職涯發展**：繼續在自己選擇的領域內尋求成長,比如透過課程精進自我、提升技能,透過實際成績來證明自己的職業價值。
- **尋找安慰**：向理解和支持你的朋友或同事尋求鼓勵,多與有共同話題的人聊這件事,與他們分享職業上的心得和成功,討論面對困難的有效解方。

案例 1

對方：現在做什麼工作呢?換到這一行能賺錢嗎?感覺不穩定吧?

回應：**確實是個全新的領域,挑戰多多,但也非常讓人有成就感。我相信每個行業的穩定性都是靠個人的努力和發展來維持的。**

解析：積極正面回應,展現對自己職涯選擇的信心和樂觀,同時沒有直接反駁對方的疑慮,表現出禮貌而考慮周到。

案例 2

對方：你每天上下班花多少時間?這樣值得嗎?

回應：**工作地點離住處有一段距離，不過我可以利用通勤時間閱讀和規劃事情，滿充實的。每個人對「值得」的定義不同，對我來說，這樣的安排很適合。**

解析：轉換視角，透過表達自己可以有效利用通勤時間，並且在回應中自然流露出對當前生活安排的滿意和樂觀，減少直接衝突。

案例3

對方：我聽說現在做某某行業很好啊，你為什麼不考慮？

回應：**那的確很好，不過我現在這個領域也有成長空間和機會。我更喜歡現在的工作，因為它更符合我的興趣和長期職涯規劃。**

解析：首先肯定對方的建議，後解釋自己的選擇。這樣既展示了開放的態度，也表明了自己的決定是經過深思熟慮的。

案例4

對方：你這工作穩定嗎？工作還是穩定一點才好吧！

回應：**穩定的工作當然好，但現在也有不同行業機會多、成長快速，適合我的個性。**

解析：透過對比不同職涯的優勢，展示個人職涯選擇的合理性，同時也避免貶低任何一方。

239　第15章　親屬關係

案例 5

對方：你這麼聰明，怎麼不去某某行業發展呢？

回應：**每個領域都有適合它的人，我很喜歡我現在的這個行業，也正在發揮我的長處。**

找到自己的位置很重要，不是嗎？

── 解析：明確告訴對方，自己熱愛當前職涯，強調個人選擇的自由。

保護價值導向：反「給生活亂提建議」

有的親戚試圖用自己的想法來左右你的判斷，讓你感覺自己好像「活得不夠好」。他們對你的生活方式、世界觀、人生觀和價值觀無止境地提建議。試圖改變你，讓你按照他們認為「對」的想法生活。

常見情境

- **強加價值觀**：親戚不斷地強調他們認為正確的生活方式、人生選擇，試圖說服你放棄自己的信念，接受他們的價值觀。

- **不尊重選擇**：無論是職涯決策、興趣愛好，還是日常生活中的小事，總是批判你的選擇，認為他們的想法才是正確的。

- **道德綁架、用傳統文化施壓**：親戚用道德綁架的方式，或以傳統文化為理由，要求你遵循他們的期望和規範。
- **干預個人決策**：在重要的人生決策，如教育、職業、婚姻上，親戚試圖過度干預，不給予你足夠的自主空間。

應對策略

每個人都有權利根據自己的世界觀、人生觀和價值觀來塑造自己的生活。面對親戚試圖控制或影響你的「三觀」，可以採取堅定的立場，透過彼此尊重的溝通維護界線。同時也需要持續學習、自我成長，以塑造自己的三觀。面對負面資訊時，樹立心理屏障保護自己。

- **堅定立場**：每個人都有權利按照自己的理解和願望生活，明確自己的價值觀和生活選擇，並堅定地維護它們。
- **彼此尊重**：嘗試與親戚溝通時，表達你理解他們的好意，但同時希望他們尊重你的價值觀和個人選擇。
- **維護界線**：對於過度干預的行為，禮貌地但堅決地設立界線，讓干預者明白，在某些個人的選擇和決策上，你希望能夠獨立做出判斷。
- **自我成長**：透過持續學習，不斷豐富和發展自己的信念。這不僅能幫助你更加堅持自

- **樹立心理屏障**：保持自己的幸福感和心理健康很重要。當親戚的想法與你的想法存在衝突時，過濾掉那些對你不利的資訊，保護自己不受負面影響。己的立場，也可能為溝通提供新的視角和論據。

典型話術

案例 1

對方：你都不出門，整天宅在家裡，不會覺得生活無聊嗎？

回應：我其實很享受在家的時間，可以看書、做瑜伽，這種安靜的生活方式讓我感到很放鬆和滿足。

解析：肯定個人選擇，透過解釋自己的生活方式帶來的具體樂趣和益處，向對方展示你的生活方式同樣充滿價值和意義。

案例 2

對方：你怎麼不像其他人那樣努力賺錢呢？現在不抓緊時間多賺一點錢，以後保證會後悔的。

回應：我理解賺錢的重要性，但我也重視工作與生活的平衡。我的選擇讓我既能滿足基本生活需求，又能保持個人身心健康。

解析：表達自己重視工作與生活平衡的理念，強調自己看重生活品質，告訴對方金錢雖然重要，但生活的幸福感和滿足感對自己同樣重要。

案例3

對方：現在社會上很多人都是實用主義者，你這種理想主義的想法太天真了。

回應：**每個人都有自己的生活哲學和個人追求，實用主義不能帶給我快樂，理想主義卻能讓我保持動力和熱情。**

解析：承認自己的世界觀可能與眾不同，但這種差異恰好構成了每個人獨一無二的動力源泉。

案例4

對方：你應該多出去見見世面、多交朋友，別總是一個人。

回應：**我其實有很多興趣和愛好，也有一些摯友常常一起活動。我喜歡現在的生活方式，既有社交也有屬於自己的獨處時間。**

解析：解釋自己有平衡社交和個人時間的方式，表明自己不依賴常規的社交活動也能獲得生活的滿足感和幸福感。

243　第 15 章　親屬關係

第 6 部

反校園 PUA

校園中，學生與師長之間也有PUA。有的同學想要在班級中占據優勢地位，搶奪班級中的話語權；有的老師想要控制學生的行為，讓學生完全受制於自己，為自己的利益服務。

第 16 章

同學之間

同學之間除真摯的友誼外,還可能存在以下真切發生的情況:個別同學對其他同學實施語言暴力,公開嘲笑某些同學;個別同學在校園裡搞小團體,故意排擠某些同學;個別同學總是毫無節制地要求其他同學幫忙,壓榨某些同學;個別同學因為嫉妒其他同學,嘲諷或孤立他們。

立即出言警示:反「語言暴力傷害自尊」

校園中,有的同學可能透過取綽號、實施語言暴力和校園霸凌等方式貶低、壓迫和控制其他同學,傷害他人的自尊心和自信心,影響同學的言行。

常見情境

- **取綽號**：基於某些個人特徵，如外貌、興趣、行為方式等為他人取綽號，或者用某個負面詞語為他人貼標籤。
- **實施語言暴力**：使用侮辱性語言、嘲諷或惡意的評論攻擊，造成情感傷害。
- **實施校園霸凌**：在言語或行為上惡意造謠，也可能實施網路霸凌，即在網路社群上進行排擠和嘲諷。

應對策略

面對校園裡的語言暴力或霸凌，要保持冷靜，積極地主張正義；做好自我保護，必要時尋求幫助；平時也要建構自己的支援系統，透過興趣愛好或集體活動維護自尊。請記得，你不是孤獨的，你永遠可以向周圍人尋求幫助。

- **保持冷靜**：面對這些行為時，避免立即出現情緒化反應，因為過度反應可能影響你的判斷，讓你的言行扭曲，反而加劇問題。
- **主張正義**：當你遭受霸凌時，盡可能第一時間回應和制止對方的霸凌行為，並立即向有關人員報告這件事。
- **自我保護**：在某些有武力脅迫和人身安全威脅的情況下，一定要注意保護自己，不要

硬碰硬。在網路環境中,可以向平臺投訴或申訴惡意內容。

- **尋求幫助**:與你信任的成年人,如級任老師、輔導老師、學校主任、家長等討論你所遇到的問題,請求他們提供支援與幫助,共同尋找解決問題的途徑。
- **建構支援系統**:找到更多可以支持自己的朋友,與其他同學建立積極的關係,這樣可以減少被霸凌的機會,也可以在遇到問題時獲得幫助。
- **維護自尊**:參與課外活動、社團等集體活動,增強自信心和自尊心,增強自我價值感,降低來自他人的負面評論對自己的影響。

典型話術

案例1

對方:喂,某某某(綽號),過來一下。

回應一:**我有名字,請你以後用我的名字來稱呼我。**

——解析:直接回應,明確告訴對方你的感受和界線,要求他們尊重你。

回應二:(**不要答應,不理會,當作對方叫的不是自己。**)

——解析:不給對方任何回應,讓對方的行為無效。

反PUA生存指南　248

案例2

對方：你怎麼這麼蠢啊，真是個××（髒話或惡評）！

回應：**這種話很傷人，我不會用這種話去說你，也請你不要用這種話說我。**

——解析：劃定邊界，清晰地指出對方行為的不當之處，並提出期望的交流方式。

實現友善自信：反「搞小團體共同排擠」

校園生活中，有的同學會透過小團體來孤立你或排擠你，打擊你的尊嚴和自信，讓你覺得自己被排除在群體之外。

常見情境

- **社交排擠**：你可能發現自己被特定的社交圈子排除在外，這些小團體可能在課堂、課外活動，甚至是社交媒體上孤立你。

- **傳播謠言**：有時候，個別同學可能會透過傳播關於你的不實資訊或負面評價來排擠你，損毀你的形象。

- **羞辱嘲笑**：在某些極端情況下，某些小團體可能在公共場合或社交媒體上羞辱或嘲笑你，降低、毀壞你在同學心中的形象。

249　第 16 章　同學之間

應對策略

面對同學之間的小團體和排擠，你可以增強認知，培養韌性以保持自我價值感和積極的心態，嘗試溝通以尋找解決問題的方法，也可以透過參加校外活動建立新的友誼，必要時尋求外部幫助。

- **增強認知**：時常提醒自己的價值不取決於周圍人是否接納你。你可以有更多元的方式讓自己獲得價值，例如發展個人興趣、特長，可以增強自信心。

- **培養韌性**：找到應對策略，學習從排擠中恢復自信，保持積極樂觀的態度，以培養面對這類情況時的心理韌性。

- **嘗試溝通**：如果可能，嘗試與排擠你的同學溝通，了解問題的根源。有時候，誤解或溝通不良可能是被排擠的原因。

- **參加校外活動**：參與校內外的各類活動，展示自己的積極面向。打開眼界，認識更多人，在校內外找到更多好朋友。

- **建立新的友誼**：如果你之前的朋友孤立你，可以尋找有共同興趣的新朋友，或者在校外尋找新朋友，建構自己新的社交圈。

- **尋求幫助**：如果有需要，可以向老師、輔導者或家長尋求幫助，他們可以與你聊聊或者直接介入解決問題。

反PUA生存指南　250

典型話術

案例1

對方：我們要一起去打球,沒有要你來。

回應：**我也喜歡打球,下次希望你們記得找我一起。**

解析：包容對方,提出期望。

案例2

對方：我聽說你竟然跟某某一起做……(某個負面的不實事件)!

回應一：**我的事,你怎麼知道得那麼清楚?該不會是你做的吧?**

解析：把對方對你的負面議論或流言蜚語反推給對方。

回應二：**我很好奇,你是聽誰說的?不會是你自己編的吧?**

解析：暗示對方在編造謊言。

案例3

對方：(小組討論中故意忽略你的意見,對你視而不見。)

回應：**我覺得我能提供另一種視角,我們可以結合每個人的想法,也許會有不同結果。**

251　第16章　同學之間

案例 4

解析：積極提案，透過提供具體的建議和解決方案來引入自己的觀點，幫助你重新獲得話語權。

對方：我們人已經夠了，你不要再來湊熱鬧了。

回應：**好的，如果下次有缺人，希望你們能想到我，我很願意參與。**

解析：表達自己有參與的願望，即使當前被排除在外，也要保持開放和積極的態度，為將來創造可能性。

鼓起勇氣拒絕：反「被欺壓逼迫占便宜」

校園中，雖然樂於助人是好事，但某些同學可能會認為你的幫助是理所當然的，於是頻繁無理地要求你幫助。有時候就算你不願幫忙，也難以拒絕。這類同學抓住你的心理弱點，可能變本加厲地壓榨你、占你便宜。

常見情境

- **頻繁幫助**：某些同學經常以學習困難、時間緊迫等為理由，請求你幫他完成作業或準

反PUA生存指南　252

性格較內向的同學在面對他人請求幫助時，常常沒有拒絕的勇氣，可能心裡並不願意幫忙，但還是答應了。其實，你可以先確認自己時間和精力的分配原則，逐步練習拒絕，有些時候可以幫同學尋找替代方案。

應對策略

- **缺乏勇氣拒絕**：你擔心拒絕會影響人際關係，幫了一次又一次，陷入惡性循環。
- **感覺到被壓榨**：有時你即使內心不願意，但表面上還是答應了對方的請求，隨著時間的累積，你愈來愈頻繁地被壓榨，甚至影響到自己的學習和生活。
- **明確原則**：你的時間和精力是有限的，確定自己願意做什麼、不願意做什麼，並在此基礎上設定原則。
- **練習拒絕**：拒絕是一種正當的社交技巧，從小事開始練習拒絕，例如當別人請求你幫個小忙的時候，可以說：「我現在需要集中時間在自己的事情上，可能沒辦法立刻幫你，等我有空的時候再幫忙。」
- **尋找替代方案**：如果可能，不妨給請求幫助的同學提供解決方案，如推薦相關的學習資源，或建議他尋求別人的幫助。

典型話術

案例1

對方：你能不能把你的作業借給我抄？我這次真的趕不出來了！

回應：**我了解你現在的困難，不過直接抄我的作業，你考試前還是要重頭念一次。我建議你複習一下這一課的重點，或者我可以把我整理的筆記借給你，這樣你既能快速掌握知識，又能自己完成作業。**

解析：鼓勵同學透過學習完成作業，而不是透過抄襲走捷徑，這樣不僅能幫助同學進步，同時避免自己陷入不斷被索取的局面。

案例2

對方：你的筆記寫得真好，借我用好嗎？我複習一直不順利……

回應：**謝謝你的誇獎！我自己也要用筆記來複習，複習完之後可以借你看看。不過我建議你也做一份筆記，這樣效果會更好，而且方便自己隨時用。**

解析：委婉地延後幫忙，鼓勵對方自己動手。

案例3

對方：我最近真的超忙，作業有一題超難，你能幫我解一下這題嗎？

反PUA生存指南　254

回應：我能理解你很忙，不過不好意思，我的功課也超多。我可以告訴你一個網站，那上面有很多解析，應該可以幫到你。

解析：把直接幫忙轉化為提供解決方案。

案例4

對方：這部分我不太會，你來寫分組報告可以嗎？我可以負責上台簡報。

回應：**我覺得上台簡報是各自講自己實際做了哪部分的內容，這樣解釋起來更準確。你如果想講這部分，那就你來寫這部分的報告。**

解析：強調付出和成果展示必須對等，保證公平。

活出我的精彩：反「嫉妒導致冷言冷語」

在學習成績或家庭背景方面擁有某些優勢的學生，可能會引起一部分同學的嫉妒或不滿，導致被冷嘲熱諷或冷言冷語。有些同學會企圖透過這種方式來異化或孤立你。

常見情境

- 被嫉妒：因為學習成績優異成為焦點，遭到某些同學嫉妒；也可能因為家庭經濟條件

255　第16章　同學之間

- **冷嘲熱諷**：某些同學可能透過言語挖苦、背後議論或是在社交媒體上發表負面評論，來表達他們對個別同學的不滿或嫉妒。

應對策略

面對同學的嫉妒或冷言冷語，最好避免直接反擊，而是傳遞真誠、善良。要有清楚的自我認知，保持言行低調，盡可能融入集體、多交朋友，讓更多人全面了解自己。最重要的，必要時可以主動示弱。

- **避免直接反擊**：面對挖苦或諷刺，直接反擊不僅無法解決問題，還可能會加劇衝突，要盡可能避免直接反擊。
- **傳遞真誠善良**：試著從對方的視角，設身處地著想，用善意去理解對方。你的善良、真誠和包容會彰顯你的態度，以及與對方的差異。這也有可能會讓同學反思，從而消除對你的敵意。
- **保持自我認知**：別人會嫉妒你，某種程度也是因為你讓對方注意到了，首先要肯定自己。不好的言行不能定義你的價值，專注於自己的目標和成長，而不是別人的看法。
- **盡量言行低調**：在展示個人學習成績或家庭條件的時候保持謙遜和低調，避免無意

典型話術

- **盡力融入集體**：透過參與課外事務或集體活動，多交朋友，讓周圍同學更了解你，有助於改善你與同學的關係。
- **嘗試主動示弱**：不要介意偶爾出醜，不要刻意避諱或隱瞞自己的缺點，有時候可以根據需要主動示弱。

案例1

對方：某某又第一名了⋯⋯只知道讀書，就是個無聊的「書呆子」。

回應：**我確實花了不少時間在讀書，也覺得讀這些是我的興趣。我記得你很會打球，最近有比賽嗎？我去幫你加油。**

解析：以德報怨，轉移焦點，承認自己的努力和興趣，然後轉移話題到對方身上。這可以減少對方的攻擊性，並可能引出對方的興趣或正面話題。

案例2

對方：你不就是靠父母嗎？如果我的家庭條件跟你一樣，我一定也能⋯⋯

回應：**家庭並不能解決一切問題，我也滿努力做這件事的。你做不到沒有人會嘲笑你，**

我做到了也不希望有人來「酸」我。

解析：強調個人努力，直接表達希望對方不要再「酸」你。

案例3

對方：哦，這個活動一定又是你當主角了，畢竟你有的是資源。

回應：我知道自己很幸運能有這些資源，我也希望能分享資源給大家。如果你有需要，我很樂意幫忙，這樣我們就能一起變更好。

解析：表達你願意分享個人資源，這可以減輕同學對你的敵意，並可能使你在同學中的形象變得更加積極和友好。

案例4

對方：你參加這個活動我們就退出，反正你那麼厲害，不需要我們。

回應：我真的很希望能和大家一起合作，每個人都有獨到的地方，我在某某方面很希望向你們學習。尤其是你在某某方面很強、很厲害，希望我們可以互相幫助，共同進步。

解析：主動示弱，展現出包容、開放、合作的姿態，希望大家共同成長。

反PUA 生存指南　258

第 17 章 師生之間

大多數老師都會給予學生關愛和鼓勵，但也有個別老師對學生過分苛責，對學生施加過度的學習壓力；有個別老師對學生實施語言暴力，全盤否定學生；有個別導師把學生當成工具，不顧學生的學業和付出，竊取學生的研究成果。

把握學習節奏：反「被老師苛刻要求」

校園中，有的老師會對學生抱持過高的期望和苛刻的要求，期待學生把更多的時間和精力用在學習上，提升成績表現。然而過大的學習壓力，會打亂學生的學習節奏；對學生抱有不切實際的期望，也會讓學生變得自我否定。

常見情境

- **苛刻要求**：有的老師為學生設定了高難度的學習目標，即便學生已盡力，也難以達到這些標準。

- **過高期望**：期望所有學生都能在短時間內取得顯著進步，忽視了學生的個體差異和實際能力。

- **揠苗助長**：為了追求短期內的成績提升，採取加速教學的方式，導致學生無法跟上學習節奏，感到焦慮和沮喪。

- **忽視情感**：在追求成績的過程中，忽視學生的情感狀態和心理壓力，使學生感受不到來自老師的溫暖。

應對策略

面對老師的苛刻要求和過高期望，自己要理性看待，可以先嘗試一對一與老師溝通，再嘗試聯合同學多對一與老師溝通，最後嘗試請家長出面與老師溝通，以解決問題。此外，可以為自己設定學習目標和時間管理計畫，安排屬於自己的學習節奏。

- **理性看待期望**：不要與老師直接對抗或起衝突，但也不應消極對待。通常老師對學生有比較高的期望是希望得到正向的結果，但造成學生莫大壓力，或許是在執行方式上

- **嘗試溝通解決**：嘗試與老師溝通，表達自己的感受和遇到的困難，找到自己可以接受的學習目標和節奏，或是更加合理的解決方案。
- **團結周圍同學**：與遇到同樣困難的同學討論，互相支持和幫助。團體的力量可以讓大家一起應對壓力，共同尋找解決方法。
- **尋求家長支持**：必要時向家長反映當前情況，請家長出面幫助自己解決問題。
- **設定個人學習目標**：根據自身能力設定個人學習目標，而不是完全依賴老師的期望，這有助於形成自我的內在動機和學習積極性。
- **設定學習計畫**：設定仔細的學習計畫，採用時間管理策略，幫助自己有效應對學習的課題，減少壓力和焦慮。

典型話術

案例1

老師：你這次怎麼只考了第二名呢？這不像你，我希望下次你能恢復正常，回到第一名的位置。

回應：**老師，我很感謝您看好我，但我確實盡力了。雖然這次沒能考第一，但我學到很扎實的知識。我也希望能在學習方法上得到您更多的指導。**

解析：首先表示自己的努力和收穫，然後禮貌地請求老師提供更多的學習方法支持，而不是只關注成績排名。

案例2

老師：這個週末我需要你完成某一項研究，下週一我要看到成果。

回應：老師，我理解這項研究的重要性，但週末時間有限，就算完成也可能無法保證品質，是否可以調整一下？

解析：向老師表示時間限制和任務完成品質之間的衝突，提出調整請求。

案例3

老師：我真的很失望，你這次的成績遠不如上次，我知道你可以做得更好。

回應：老師，謝謝您的關心。每次考試的難度和內容都有所不同，我會反思這次的不足，下次也更仔細一點。

解析：成績有波動很正常，表明自己會從反思中學習並努力提升。

案例4

老師：看看人家研究的題目多厲害，你應該向他學學。

反PUA 生存指南　262

增強自信心：反「被老師全盤否定」

有的老師覺得持續否定學生能刺激學生的自尊心，但這種持續否定有時候也會成為一種語言暴力，影響學生的心理健康。

常見情境

- **否定評價**：有的老師在評價學生的學習成績或表現時，頻繁地否定和批評，忽略學生的努力和進步。
- **公開羞辱**：在課堂上或公共場合中，有的老師用嚴厲的言語羞辱學生，如質疑學生的能力，或將某學生與其他學生進行不恰當的比較。
- **消極預測**：有的老師持續對學生表達消極的預測，暗示學生無法取得進步。
- **忽視感受**：有的老師只顧說出自己的看法，忽視學生的情感反應和心理狀態，缺乏同理心。

回應：老師，我理解競爭可以激發潛力，我也希望學習有成效。但我們每個人的學習方式和節奏不同，找到適合自己的學習方式和節奏可能更對我更有幫助。

▎解析：表達理解老師，強調尊重個體差異，提出希望學習環境能更加平和包容。

第 17 章 師生之間

面對老師的否定態度和語言暴力，首先要肯定自己，建立健康的心理界線。試著積極溝通，或提升抵抗能力。嚴重時，記錄具體情況並向上報告。

應對策略

- **自我肯定**：個人真實的價值和能力並不完全基於老師的評價。保持對自己的積極肯定，記住自己的優點和成績。
- **建立心理界線**：學會在內心建立界線，區分哪些批評是建設性的，哪些是無益的。對於無益的批評，練習在心理上不予接受。
- **積極溝通**：找個適當的時機與老師溝通，表達其言語對你的影響。在一些情況下，老師可能並沒有意識到其言行對你造成嚴重後果。
- **提升抵抗能力**：透過參與辯論、演講等活動，面對大家的意見，增強自己面對各類評價的能力。這有助於自己在面對否定時保持自信。
- **記錄與報告**：如果老師的行為構成了明顯的語言暴力，應該記錄下具體情況並向家長或學校主任報告，尋求正式的解決方案。

反PUA 生存指南　264

典型話術

案例1

老師：這就是你的作業？你是不是根本沒有認真複習？

回應：**老師，我確實花了很多時間在作業上，可能我還沒有掌握到重點吧。我能和您討論一下這個問題嗎？看看我該如何改進比較好？**

解析：尋求老師的具體指導和幫助，表明自己的改進意願。

案例2

老師：如果你們都像某某一樣笨，那誰都別妄想考上好大學。

回應：**老師，我理解您希望我和班上的同學成績更好，但您在大家面前這樣說我，我很尷尬，壓力很大。我希望能在更積極正向的環境中學習。**

解析：清楚地向老師表達這種公開批評的直接影響，請求更正面和具有建設性的回饋方式。

案例3

老師：你看看你，這次又錯兩題，我真不知道你是怎麼學的？

回應：**老師，我每次都很認真，但您這樣說我，我感到很挫敗。能不能請您給我一些鼓**

勵，或者幫我找出錯誤原因，這樣我可能更有學習的動力。

解析：請求老師提供更客觀的回饋，包括正面的，或具有建設性的評價，以幫助自己更了解進步的方向。

案例4

老師：你錯得一塌糊塗，是不是完全沒用心？

回應：**老師，我確實投入了很多時間，可能不太會應用。能否請您具體告訴我哪裡做錯了，以便我下次能改進？**

解析：表明自己確實在努力，並請求老師提供具體的指導而非籠統的批評。

保護知識產出：反「被老師竊取成果」

在大專院校中，個別老師、教授利用自己的強勢地位，把自己帶的學生當成員工，安排大量的任務，讓學生免費為自己的專案產出，影響學生的正常學業。甚至有的老師還會竊取學生的研究成果，把這些成果占為己有。

常見情境

- **不合理的任務**：有的老師安排大量與自身專業相關的任務給學生，這些任務遠遠超出了學生的學習和研究範圍。
- **缺乏報酬或認可**：學生為老師的專案工作，卻沒得到應得的報酬或學術認可。
- **侵占學生成果**：有的導師將學生的研究結果、創意或資料作為自己的學術成果發表，沒有給予學生應有的署名或認可。

應對策略

面對個別老師可能存在的不當行為要保持警惕。在專案或任務開始之初，提前界定角色，必要時保留相關證據。出現問題時建立互助小組，或尋求校方或外部幫助。

- **提前界定角色**：在專案開始之初，與老師明確討論並界定各自的角色、責任和期望，包括工作量、時間安排以及成果歸屬等。
- **保留相關證據**：在執行老師安排的任務或提交研究成果時，保留相關的電子郵件、檔案和訊息紀錄，作為將來可能需要的證據。
- **建立互助小組**：熟悉關於學術道德和研究成果歸屬的規定，知道在遇到不公平待遇時該如何處理。集體的力量可能更有助於解決問題，可以與遭遇同樣情況的同學聯繫，

- 一起保護自己的權益。
- **尋求校方支持**：利用學校提供的資源和管道，獲取相關建議。
- **尋求外部幫助**：如果學校內部的資源和途徑無法幫你解決問題，可以考慮尋求外部的法律幫助，保護自己的研究成果。

典型話術

案例1

老師：我需要你這週完成這些實驗，下週給我整理好的資料。

回應：**老師，我知道這些實驗對專案很重要，我會努力完成。不過，我也希望有時間寫論文，不然會影響我畢業。我們是否可能討論一下任務分配？**

解析：透過提出合理調整任務分配的請求，平衡導師的需求和自己的意願，保護自身利益。

案例2

老師：這篇論文只會放上我的名字。你做的工作雖然重要，但也是在我的指導之下才完成的。

回應：**老師，感謝您的指導。這篇論文我投入了很大的精力研究，根據學術規範和公平**

反PUA 生存指南　268

原則,我的名字也應該列在作者之中。當然在您的指導下,我的署名順序應該在您之後。

解析:明確表達自己的立場和學術貢獻,要求公平處理學術成果的署名問題,有憑有據地為自己爭取權益。

案例3

老師:跟你說一下,我拿你的研究資料去申請補助了,這對我們實驗室有好處。

回應:**老師,我很高興我的研究能為實驗室帶來好處。不過,用我的研究資料申請補助前,我希望能事先知情,這不僅是對我的勞動的尊重,也能保障我的學術權益。**

解析:提出正當要求,保護個人的研究成果和權益。

案例4

老師:你現在不需要做那個專案了,我這裡有更重要的事需要你來做。

回應:**老師,我願意為實驗室貢獻,但也希望能繼續做我想做的專案。是否可以給我一些自由時間,讓我既能參與實驗室的工作,同時也不放棄自己的研究?**

解析:提出雙贏的解決方案,使自己和導師的需求都得到滿足。

第 7 部

反社交 PUA

　　社會上的 PUA 也隨處可見。在日常生活中，總有人對你的生活指手畫腳，總有人把你當成解決自己問題的工具，總有人隨便探你的隱私。

　　而在社交場合中，總有人逼你做你不想做的事，總有人藉著你來顯示自己的與眾不同，總有人想利用你達成自己的目的。

　　最後，在商業消費中，總有人想盡辦法地從你身上賺取你原本不想花的錢。

第18章 日常生活

日常生活中，有的人會在不了解情況的前提下，莫名其妙地站出來指責你的行為或處世方法，例如教你如何做好父母。有的人會打著讓你助人為樂的旗號，忽然來找你借錢。有的人會在不徵得你同意的情況下，隨意闖入你的生活。

拒絕指手畫腳：反「別人教你如何做好父母」

身為父母，在與孩子教育相關的場合，你可能會遇到各種來自他人的意見和指責。這些人可能是學校老師、其他家長、鄰居、朋友等。他們可能基於自己的觀點和經驗，對你的育兒方式提出批評或建議。

常見情境

- **老人接送孩子**：在一些家庭中，由於父母工作忙碌，可能需要依靠祖父母或外祖父母來接送孩子上下學，這種情況有時會被外人誤解為父母不盡責。

- **教養方式不同**：父母在教育孩子時採用的方法和策略可能與其他家長或老師不同，這可能會引發他們的批評或指責。

- **誤解家庭情況**：別人可能因為不了解你家庭的情況，而對你的行為做出錯誤的判斷，站在道德的制高點對你多加指責。

應對策略

面對別人教你如何做好父母的情況，要保持冷靜、禮貌，能解釋則解釋，解釋不了就自動過濾。同時也要反思自己的育兒理念，適當參考對方的意見。

- **保持冷靜禮貌**：面對他人的指責，要保持冷靜禮貌的態度。雖然別人可能有所誤解，或是想藉由貶低他人來自抬身價，但確實也可能帶來對你有益的回饋。

- **解釋具體情況**：在適當的情況下，向提出批評的人解釋自己的具體情況，例如採用某種育兒方式的理由。

- **遠離不當評價**：溝通有助於消除誤解，但並非所有的誤解都能透過溝通得到解決。對

- **反思自我理念**：每個家庭的情況都是獨特的，要根據自己的情況和信念做出育兒決策，而不過度受外界意見的影響。但這不代表你不需要接受善意的建議，可以嘗試反思自己的育兒理念，採取有益的方法。

典型話術

案例1

對方：每次都看到你們家孩子是阿公阿媽接送的，現在的年輕人都不知道怎麼當父母嗎？怎麼都丟給長輩呢？不重視孩子成長的父母不算好父母，你們應該親自接送孩子。

回應：我很感謝您的關心。我們家孩子讓長輩接送，是長輩強烈要求的，這樣他們可以有更多和孩子相處的時間。每個家庭都有自己的安排，我們都在盡最大努力做好父母。你不了解別人家的情況，建議還是不要隨便指責別人。

一、解析：正面解釋原因，同時強調應該尊重每個家庭的選擇。

案例2

對方：我看到你家孩子一個人在外面玩，父母難道不應該陪在旁邊嗎？

反PUA生存指南　274

回應：我們確實非常關注孩子的成長和安全，但我們同時也希望培養孩子的獨立自主意識。我們會在確保安全的環境下，讓孩子有適當的自由玩耍和探索的空間。每位家長都有自己的育兒理念，希望我們能尊重彼此不同的看法。

— 解析：說明自己選擇育兒方式的理由，提出希望彼此尊重，減少不必要的爭論。

案例3

對方：你從來沒參加過家長會，孩子的教育需要爸媽一起參與才對。

回應：您說得對，父母的參與對孩子的教育非常重要。我的工作恰好在開家長會的時段比較忙，不過我每週會集中一段時間，給孩子高品質的陪伴。

— 解析：強調自己透過其他方式參與孩子的教育和成長。

案例4

對方：孩子沒考上好學校，就是因為家庭氛圍不行，父母沒有給孩子建立一個好榜樣。

回應：聽您的意思，孩子沒考上好學校，就是父母不優秀嗎？比起學習成績，我們家更注重培養孩子的品格。

— 解析：抓住對方假設前提的邏輯漏洞回應。

守護財產邊界：反「別人聲稱救急找你借錢」

有的親戚、朋友可能聲稱出於緊急情況，突然找你借錢，讓你處於一個尷尬和難以決斷的位置。你不想借，但對方可能用道德綁架讓你不得不借。

常見情境

- 緊急借款：親友可能會突然聯繫你，聲稱自己面臨緊急情況，如醫療費用或意外事件花費等，需要你立即借錢。
- 大額借款：親友請求的借款可能遠超過你的預期，讓你感到財務上的壓力。
- 缺乏保障：請求借款時，借款人不想白紙黑字寫下來，沒有提供明確的還款保證。
- 情感壓力：借款人可能會利用你們的關係來施加情感壓力，讓你難以拒絕。

應對策略

面對緊急借款請求，要以保護自己的財產安全為第一要務，必須了解詳細資訊，並評估自身狀況。若準備借款，則務必簽署還款保障文書；若不想借款，則委婉拒絕，可以試著為對方尋找其他解決問題的途徑，注意與對方保持距離。

典型話術

- **了解詳細資訊**：要求借款人說明具體情況和細節，以便評估借款的合理性和緊迫性。
- **評估狀況**：在做出決定前，先評估自己的財務能力，確定自己是否在財務上有能力幫助別人。
- **簽署還款保障文書**：如果你決定借款，要將借款金額、還款日期和方式，以書面的形式寫成借據或簽合約，以保護雙方的權益。
- **委婉拒絕**：如果你沒有能力借款，或不願意借款，要委婉但堅定地拒絕。你可以解釋自己的理由，但不必過度辯解。
- **尋找其他解決途徑**：如果你不能提供財務幫助，可以考慮提供其他形式的幫助，如提供資訊、聯繫他人或其他可以幫得上忙的支援。
- **保持距離**：在處理這類請求時，與對方保持一定的情感距離，避免因情感壓力而做出讓自己日後可能後悔的決定。

案例1

對方：我真的急需用錢處理家裡的突發情況，你能借我幾萬嗎？我很快就還。

回應：我了解你現在的困難，真希望能幫到你。不過，我現在的存款只有幾千元，還要繳房租，實在沒辦法。或許你可以問問銀行小額借貸的業務？

解析：表達理解和同情，但也坦承自己的財務狀況不允許，同時推薦對方可能的解決方案。

> 案例2

對方：有個超好的投資機會，你借我十萬，一年後，我還你二十萬。

回應：這麼好的機會，我只在防詐騙的節目裡面聽說過。能不能跟我說具體的細節，我們一起來理性分析一下，這是個機會還是個陷阱？

解析：了解細節，防止對方上當受騙。

> 案例3

對方：上次跟你借的錢，再寬限我一段時間吧……我現在又急需用錢，能再幫幫我嗎？

回應：我理解你的困難，但我也有困難，家裡還有開銷要付。我建議你還是想想別的辦法吧，這樣對我們大家都好。以前欠我的錢，我也希望你能在兩週內還給我。已經拖了三個月了，別因為這個影響我們之間的感情。

解析：委婉拒絕，並設定還款期限。

維持耳根清淨：反「別人隨意打擾私人生活」

也許是因為每個人對社交邊界的理解不同，也許是有的人沒有意識到自己的行為帶給別人打擾，生活中，總會有人突破社交邊界，隨意打擾他人的私人生活。

常見情境

- **頻繁來訪**：沒有預先通知就頻繁來訪，打亂你正常的生活、工作或休息時間。
- **過度好奇**：對你的個人生活過度感興趣，經常詢問私人問題，讓你感到不舒服。
- **無視不悅**：即使你表現出了不歡迎或不悅的情緒，他們仍舊堅持自己的行為，不尊重你的私人界線。
- **空間入侵**：未經允許就直接推門進入你家，或隨意使用你的物品。

應對策略

面對身邊人對你的打擾，要找到平衡。一開始透過友好方式告知界線、設立規則、保持一致來維護邊界，或是嘗試找到替代方案、透過中間人聯絡。對於侵犯隱私的問題，可以禮貌地回絕。

- 友好告知界線：友好但明確地告訴那些打擾者，你的私人時間和空間希望得到尊重。
- 設立規則：事先設立規則，如拜訪需要預先通知，或只在特定時間接受拜訪。
- 保持一致：一旦設下規則就要堅持執行，避免讓對方覺得你的規則可被打破。
- 找到替代方案：了解訴求。如果對方只是想找人聊天，可以協調一個雙方都有空的時間；如果有急事，可以說明情況後再約定見面方式。
- 由中間人聯絡：如果覺得直接溝通已經對你構成打擾，可以找個共同的朋友作為中間人，來幫忙傳達彼此的感受和需求。
- 禮貌回絕：對於對方過度好奇的問題，用非冒犯性的方式拒絕打聽。

典型話術

案例1
對方：嘿！我正好在附近，想來看看你、聊聊天。
回應：**真希望能見到你，不過我現在正好在忙，不太方便。我們再約個時間聊好嗎？**
解析：婉轉表達當前不便接待，同時提出建議。既表現友好也保護私人時間。

案例2
對方：我有些急事想找你幫忙，你現在有空嗎？

案例3

對方：我怎麼總是一個人?來，我陪你一起，這樣你就不孤單了。

回應：我真的很感謝你這麼想陪伴我，不過我有時候也需要一個安靜的環境，需要一些個人時間來整理思緒和處理自己的事情。我們可以換個時間再聚。

解析：清楚表達出需要個人空間的理由，並提出合理的聚會安排。既保留了個人時間，也顧及了友誼的維繫。

案例4

對方：我看你車在家，就想你應該在家，來找你玩一下。

回應：我確實在家，不過我可能在休息或有緊急的工作要做，比如現在我就因為加班在補眠。你如果能先傳個訊息再來就太好了。

解析：建議對方先確認我方是否空閒，減少尷尬或不便。

第19章 社交場合

在社交場合，有人會以各種理由勸你喝酒，即使你已經申明自己不喝酒或只想少量飲酒；有人會在你面前炫富擺闊，把你當成實踐自身優越感的對象；有人為了促成簽約，達成交易，會把你「捧上天」。

堅持自身原則：反「別人藉感情或面子勸酒」

在社交場合，勸酒有時候是一種服從性測試，有的人會藉著強勢地位逼你喝酒，有的人會藉著感情或面子勸你喝酒，有的人會用傳統習俗來說服你喝酒。對於不願意喝酒的人來說，採取正確的處理方式，可以躲過那些被說是必須要喝的酒。

常見情境

- **強調情感關係**：有人會藉著彼此長久認識的情感關係讓你喝酒。
- **利用集體氛圍**：團體聚會時，某些人可能會藉著集體氛圍的壓力，勸你喝酒。
- **利用強勢地位**：有人可能會利用自己的強勢地位，以不喝就是不給面子為理由，逼你喝酒。
- **利用挑戰或嘲諷方式**：有人可能會利用挑戰或嘲諷的方式來勸酒，如說：「這點酒都喝不了，你還算男人嗎？」

應對策略

面對社交場合的勸酒壓力，可以提前說明情況，在有人勸你喝酒時嘗試轉移話題。可以委婉地拒絕，或者試試尋找替代方案，尋求周圍人的支持，必要時適時離場。平時也要多向周遭的人傳達健康飲酒的文化。

- **提前說明**：聚會開始時或被勸酒前，向在場的人說明你不飲酒或少量飲酒。
- **轉移話題**：遇到勸酒時，嘗試轉移話題，用幽默或其他有趣的事情來分散勸酒人的注意力。
- **委婉拒絕**：禮貌但堅定地拒絕，可以為自己找個理由，例如酒精過敏、正在吃藥、要

- 開車、稍後還有事、在備孕、身體不適、在減肥、家人不許等等。
- 宣導健康文化：平時多向周遭的人解釋你不飲酒的理由，並宣導健康飲酒文化，促進他人對你的理解和尊重。
- 適時離場：如果壓力過大，考慮適時離開聚會，以避免不斷被勸酒的場面。
- 尋求支持：在聚會中尋找理解你的人並靠近他們，他們可以在你被勸酒時提供支援。
- 尋找替代方案：向勸酒的人提出替代方案，如提議一起喝無酒精飲料或水。

典型話術

案例 1

對方：來，這杯酒我敬你，為了合作成功，我們一起乾了這杯！

回應：感謝您的敬酒，應該我敬您的，不過我今天感冒必須吃藥。這杯我就以茶代酒，和您一起為合作乾杯吧！

- 解析：以茶代替酒，既表達了誠意，也保護自己。

案例 2

對方：今天是大喜的日子，你怎麼能不喝呢？再來一杯！

回應：今天確實是個值得慶祝的日子，我已經喝了幾杯了，真的很高興今天能參與到這

樣的喜慶之中。但我再喝的話，身體的老毛病又要犯了。來來來，我們一起拍個照，留下這美好的時刻，讓我們永遠記住這一天。

──解析：承認這是個值得喝酒的場合，但巧妙提出自己已經達到極限，轉移到拍照留念話題，既不失禮，也保護了自己。

案例3

對方：看你杯子空了，來，我給你斟滿！

回應：您真是太熱情太好客了。不過我最近跟太太／先生在備孕，美酒我今天就品這麼多，接下來我就主要享受美食吧。你們喝，你們喝。

──解析：讚賞主人的熱情，並婉轉表示自己不能再喝了，用美食轉移話題。

案例4

對方：這是你第一次參加我們部門的聚會，不喝幾杯怎麼行？不喝就是不給我面子啊！

回應：我非常重視這次聚會，也很想跟大家好好相處。不過我酒精過敏，喝多了要進醫院的，我怕掃了大家的興致。就讓我敬大家一杯茶！

──解析：找個理由禮貌拒絕，避免尷尬場面。

285　第 19 章　社交場合

認清真實價值：反「別人在聚會上炫富擺闊」

聚會上，常有一些人喜歡炫富擺闊，彰顯自己的殷實家境，顯示自己彷彿高人一等的地位，從而為自己爭取更多的話語權和控制權。

常見情境

- **炫耀財物**：有人可能會大談特談自己最近購買的昂貴飾品、高級名車、豪宅等，或誇張地述說自己的豪華度假經歷。
- **故意比較**：某些人可能會故意不斷地將自己的財務收入和生活方式與他人的進行比較，以表示自己的優越感。
- **展示照片或影片**：有人會在聚會上拿出手機照片，展現自己奢華的生活方式。
- **間接炫耀**：有人會談論自己參加過的盛大活動、受邀出席過的高級場所或認識某個名人等方式，間接炫富。

應對策略

面對社交場合中的炫富擺闊行為，盡可能保持中立。可以轉移話題，試著巧妙迴避，避免比較，或是轉而與在場的其他人談話。實在不行就離場吧！別人的不當行為也可以用來自

反PUA生存指南　286

- **保持中立**：面對炫富行為，如果對方沒有侵犯到你，可以保持冷靜和中立的態度，不必過度反應或表現出明顯的不悅。

- **轉移話題**：如果可能，溫和地將話題轉移到更加合理或大家都感興趣的方面，避免聚會氣氛變得尷尬或不舒服。

- **巧妙迴避**：如果某人的炫富行為開始侵犯到你，可以禮貌地表示你對這個話題不感興趣，或直接提出希望討論其他內容。

- **避免比較**：個人價值不在於擁有物質的多少，避免被捲入任何形式的比較。

- **與其他人談話**：如果可能，尋找那些對炫富行為同樣感到不舒服的人，進行一些更有意義的交流。

- **考慮離場**：如果炫富行為讓你極度不適，考慮找個藉口離開聚會。適時離場是一種自我保護的方式。

- **自我反思**：別人的行為可以是自己的一面鏡子。面對炫富行為，也可以反思自己的價值觀和生活選擇，思考什麼對你來說是最重要的，以及如何根據自己的價值觀生活

我反思。

典型話術

案例1

對方：你們看我最近買的這只手錶，是限量版的哦，花了好幾萬呢！上個月我去了法國，全程住五星級飯店……

回應：哇，聽起來你最近也過得很精彩！我最近也發現了一些遠離城市喧囂的地方，雖然不如你去的地方豪華，但空氣、環境都很好，讓人很放鬆。

解析：承認對方的奢華生活，同時巧妙地將話題轉移到更加平且能讓所有人都能參與的方面，減少炫富帶來的尷尬。

案例2

對方：你們不知道，我最近投資的那個標的，現在已經翻好幾倍了！

回應：**你的能力太強了，我也很好奇這方面的知識，你有時間能教教我嗎？**

解析：尊重對方的專業性，同時引導對方分享知識而不是單純地炫富，這樣既能維護對方的面子，也避免尷尬。

案例3

對方：我們家小孩這次又考了第一，而且我們剛換了新房子，社區環境和周邊生活機能

回應：**真不錯，你家孩子一直都很優秀！我們家孩子在學習上一直普普通通、沒找到方法。你分享一下你們家的學習心得吧！**

解析：面對多種炫耀，讚美自己想探討或學習的那一方面，鼓勵對方分享。這不僅避免了直接對抗炫富的尷尬，還能增進了解，有一定的益處。

保持清醒理智：反「別人過分抬舉讓你簽約」

在商務社交場合中，有的人可能會過分抬舉你、過度讚美你，讓你自我感覺良好，引導你簽約，從而達成對他們有利的合作。

常見情境

- **過度讚美**：社交聚會中，有人可能會不斷地讚美你的外形、才華、成就或潛力，試圖以抬舉使你感到榮耀和滿足。
- **快速推進**：讚美後，他們可能會迅速轉向討論合作機會，強調這是一個難得的機會，並急於讓你簽署協議或合約。
- **不大提供詳細資訊**：在勸說你簽約時，他們可能會故意避免提供詳細的合約內容、權

289　第19章　社交場合

- 施加壓力：他們會利用在社交場合建立的良好氣氛和關係對你施加情感壓力，暗示拒絕會傷害雙方的關係或錯過大好機會。

應對策略

面對在社交場合中過分抬舉並勸你簽約的情況，要保持警覺。先索取詳細資料，尋求專業意見，避免急躁地當下做出決定，試圖建立長遠利益。有時可以明確表達拒絕，來避免潛在風險和不利後果。

- 保持警覺：對過度的讚美和快速推進的合作，要保持理性、警覺和謹慎的態度。真正的商業合作要建立在相互理解和充分思考的基礎上。
- 索要資料：在考慮合作或簽約前，要求對方提供完整的資料或合約草案，以便進行詳細評估。
- 尋求專業意見：在簽署任何協議前，尋求律師或專家。專業的第三方可以提供客觀的評估和意見。
- 避免急躁：避免在社交場合或壓力下做出重要決策，給自己留足夠時間考慮。
- 建立長遠利益：任何合作都要考慮其對自己的長遠影響，而不是短期利益。

- **明確表達拒絕**：如果你對合作不感興趣，或發現有潛在的問題，明確且禮貌地拒絕。你無須為不接受不適合自己的機會感到內疚。

典型話術

案例1

對方：我們公司要是有你這樣聰明能幹又有頭腦的人才，不到三年就能做到第一了。我們之間的合作可是超難得的機會呀，趕快簽約吧！

回應：感謝您的信任，不過我習慣在做任何合作決定前，詳細研究所有細節。如果您能提供更多的合作相關資料，我很樂意仔細評估後再做決定。

解析：明確表示需要更多資訊進行評估，保護自己不被衝動想法誤導。

案例2

對方：我們公司這個新的投資標的利潤極高，一定能讓你一起賺大錢。來，簽個字吧！

回應：感謝您的信任。這個投資的框架看起來不錯，但我需要先了解所有風險，同時問過我的財務顧問和法律顧問，才能做出最合適的決策。能安排一次詳細的討論會嗎？

解析：表達要慎重考慮，強調需要進行全面的風險評估和專業諮詢，這不僅顯示了你的專業性，也為你贏得了決策的時間。

291　第19章　社交場合

案例3

對方：加入我們對你的職涯發展只有好處，沒有壞處，所有重要的資源和資訊都在這裡，不加入你會後悔的！

回應：這聽起來是個不錯的機會，謝謝你的推薦。我對加入專業協會確實感興趣，不過我希望能先了解一下我們這個協會的具體情況。可以在我了解清楚之後，再繼續討論這個話題嗎？

解析：對邀請表示感興趣，同時表明要了解清楚，確保不在不完全了解的情況下做出決定。

第20章 商業消費

在商業消費領域，有人會利用你在健康、安全、財富、地位、知識等方面的焦慮讓你付費；有人會利用人性的貪婪，向你介紹一夜暴富的機會；有人會對你實施各種推銷手段，讓你買下你原本不需要的商品。

遵循發展需要：反「別人用焦慮讓你付費」

有時候，你不是為產品或服務而付費，而是為緩解你的焦慮而付費。某些人或機構會過度誇大某種風險、散播不實資訊，或利用你對未知的恐懼，刺激你的焦慮感來促使你消費那些你可能根本不需要的產品或服務。

常見情境

- **健康焦慮**：某些產品或服務聲稱能夠預防罕見疾病，實際上這些疾病出現的機率微乎其微。
- **安全焦慮**：某些人可能宣稱某方面不安全，藉此大力推銷某種產品或服務。
- **財富焦慮**：某些人或機構可能透過強調外部環境的不穩定性，促使人們購買不必要的理財產品。
- **地位焦慮**：某些品牌或服務可能利用人們對於社會地位或被認可的渴望，藉機推銷高價商品。
- **知識焦慮**：某些人或機構可能透過誇大知識需求，誘導人們買書或買課。尤其用在有孩子的父母身上，效果更明顯。

應對策略

面對透過引發焦慮情緒讓你付費的情境，要理性客觀地進行需求評估和資訊查核，可以尋求周遭意見，不需要時直接拒絕，並定期反思自己的行為，提高心理韌性。

- **需求評估**：基於自己或家庭的實際情況和需求進行評估，而不是基於恐懼或焦慮情緒做出決定。可以思考：這真的是我需要的嗎？對我的發展有益嗎？某些課程內容真的

反PUA生存指南　294

- 資訊查核：面對可能引起焦慮情緒的資訊，首先進行查核。利用可靠的來源如官方機構或專業組織，來評估資訊的真實性。
- 尋求意見：在做出重要的消費決定前，可以尋求別人的意見，特別是來自信任的朋友、家人或專業人士的想法。
- 直接拒絕：禮貌而堅定地拒絕不必要的服務或產品，無需為拒絕感到內疚。
- 定期反思：定期評估自己的消費動機和決策過程，判斷自己是否被不必要的焦慮情緒驅動。
- 心理韌性：增強對焦慮情緒的管理能力，降低被外部資訊輕易操縱的可能性。

典型話術

案例 1

對方：如果你現在不關心自己的身體健康，以後花的醫藥費會更高。這款保健食品可以幫助你預防各種疾病，省下一大筆醫療費！

回應：我明白健康很重要，也感謝你的建議。不過，我更傾向於透過日常飲食和定期運動來維護健康。至於要不要買這款產品，我會問過家人和醫生之後再做決定。

一 解析：表達自己需要求證。

案例2

對方：在競爭激烈的職場中，如果你不提升自己，很快就會被淘汰。我們的課程可以幫助你保持職場競爭力，今天是最後一天特價，機會難得，錯過就沒有了。

回應：終身學習確實非常重要。我對提升自己的技能很感興趣，但我通常會先自行評估課程內容與提升技能之間的相關性，以及課程的實用性。可不可以給我一份課程大綱和試聽片段，讓我體驗一下呢？

解析：要求獲得更多資訊和試用體驗，防止盲目跟風。

案例3

對方：您看，這款車的安全系統是市面上最先進的。這裡可以看到別的車相撞後駕駛者的損傷……生命比什麼都重要，買我們這款，是對您安全最好的保障。

回應：安全確實是購車時需要考慮的重要因素，我很認可我們產品的安全性。但安全性並不是我唯一考慮的因素，我還需要綜合考慮很多其他因素。請等我綜合比較完幾款車之後，再做決定。

解析：理性比較，指出自己需要進行更廣泛的比較評估。

反PUA生存指南　296

慎防貪婪圈套：反「別人介紹的投資機會」

很多騙子習慣利用人們對高收入的渴望，藉由承諾高額回報、製造緊迫氛圍、模糊專案細節和施加社交關係等各類手段，誘導他人投資，最終騙取資金。

常見情境

- **承諾高額回報**：通常承諾異常高的投報率，或聲稱幾乎沒有風險。
- **製造緊迫氛圍**：設置虛假的限時優惠，製造緊迫感，迫使人們在沒有充分考慮的情況下做出決策。
- **模糊專案細節**：對於如何運作、資金如何使用等關鍵資訊缺乏透明度，可能含糊其詞或迴避不答。
- **利用社交關係**：透過朋友、家人或信任的社交圈來推薦這些投資標的，給人一種更可信的錯覺。

應對策略

遇到可疑的投資機會，要謹慎地做背景調查，進行專業諮詢，避免壓力決策。時時保持警惕，能有效避免被騙的風險，保護個人的財產安全。一旦發現詐騙行為，第一時間報警。

第20章 商業消費

- **進行背景調查**：面對任何投資機會，首先進行獨立的背景調查：查閱官方資料、新聞報導等，確認公司和專案的合法性。
- **諮詢專業人士**：記住一道基本原則——高報酬通常伴隨高風險。對於任何聲稱「零風險」而提供高額報酬的投資都應該要有警覺。在做出任何投資決定前，詢問專業人士的意見。
- **避免壓力決策**：對於任何需要你「立即決定」的投資機會抱持懷疑態度，優質的投資機會不會因為你多問了幾個專業人士就消失。
- **時時保持警惕**：即使是朋友或家人推薦的投資標的，也不要輕信，要調查和評估。有時候，他們自己可能也是不知情的受控者。
- **及時報警**：一旦發現某人是騙子，立即報警，同時向周圍的人發出警告，避免更多人受騙。

案例 1 典型話術

對方：這個新的投資標的只需要小額投入，一個月的投報率就高達五〇％！只剩下三個名額了。快加入我們吧，機會難得！

回應：（**直接報警。**）

反PUA生存指南　298

解析：年化報酬率超過二○％的投資標的，幾乎可以肯定是詐騙。

案例2

對方：這個產品是我一個可靠的朋友推薦的，大家都在投資，已經有人賺了不少錢了！

回應：**真的嗎？看來你們做得不錯。不過我屬於保守型的投資者，對金融投資有自己的原則，也有一些自己的理解，我喜歡親自驗證所有的資訊和背景。請你分享一些產品詳情和運作機制，我需要仔細評估一下。**

解析：強調有自己的投資原則和驗證過程，要求提供完整的產品資訊以進行評估，保持禮貌的同時防止被影響。

案例3

對方：我們的模式是全新的，你將在短時間內獲得巨大回報，保證盈利！已經有很多人投資，只剩下二十萬的投資額度了，滿了就沒辦法參與了。

回應：**對不起，我不相信快速致富，而且這麼好的投資標的，應該也不差我這二十萬元吧。你們那個商業模式我看不懂，就不參與了。**

解析：對看不懂的模式保持謹慎，不妨直接拒絕。

299　第20章　商業消費

獨立決策消費：反「別人推薦的產品服務」

在生活中，你可能會遇到各種推銷產品或服務的情境，銷售人員為了將產品或服務賣出去，可能無所不用其極，讓你為本來不需要的產品或服務付費。

常見情境

- **試吃試用**：在面對面的推銷中，推銷人員讓你試吃或試用其產品或服務。你一旦接受試吃或試用，聽取了推銷人員的介紹，就不好意思不買了。
- **電話行銷**：電話推銷介紹的各種產品或服務通常會有優惠和限時折扣。這種電話通常不給你機會回絕，你全程只能聽銷售人員的介紹。
- **熟人推薦**：朋友或家人可能會向你推薦他們使用並滿意的產品或服務，也可能是他們加入了某個產品直銷團隊中，推薦的目的是賺取傭金。

應對策略

面對一般推銷，可以禮貌拒絕；對於侵犯性比較強的推銷，可以堅定回絕。推銷的東西不一定都不好，但要想好再買。不想被打擾的話，可以提前設置好隱私保護。

- **禮貌拒絕**：如果你對推銷的產品或服務不感興趣，可以禮貌地拒絕。通常簡單明確地回答：「謝謝，我不感興趣。」就足夠了。
- **堅定回絕**：對於一些強迫推銷的人，可以採取更堅決的方式回絕，不要礙於面子。例如有人覺得直接掛斷推銷電話不禮貌，但對方如果是用不正當的方式取得你的電話號碼，且完全不給你回絕的機會，或在你回絕後仍堅持介紹產品，這種行為也不禮貌。
- **想好再買**：不要因為限時優惠就立即做出購買決定。對於來自熟人的推薦，也要考慮其真實意圖和產品適用性。
- **設置隱私保護**：對於電話行銷，可以設置來電過濾；對於社交媒體行銷，可以將推銷者加入黑名單、開啟好友驗證，也要盡可能避免個資外洩。

案例1 典型話術

對方：這款保養品是最新研發的，很多顧客回饋效果顯著，您要不要試試？

回應：**聽起來確實不錯，感謝你的介紹。不過我通常比較謹慎，我現在用的保養品滿適合我的，可能暫時還不需要更換，謝謝。**

——解析：表示尊重，表達感謝，同時禮貌地說明暫無購買的意願。

案例 2

對方：這款新保險服務涵蓋層面很廣，尤其適合您這樣的家庭。現在還有額外折扣！

回應：我理解這項保險服務的好處，也感謝您的介紹。不過，我現在購買的保險已經很全面了，短期內可能不需要新增，有需求時我會聯繫您的。

解析：禮貌地拒絕，給對方一個將來可能聯繫的開放性回覆。

案例 3

對方：這款設備使用最先進的技術，可以顯著改善您的健康狀況。我們現在還有特別優惠，來試用一下吧！

回應：聽起來滿好的，不過我希望充分了解後再購買。等我試用完後，希望你能給我一份更詳細的產品介紹，我會在了解清楚之後再決定是否購買。

解析：提前說明自己試用後不會購買，提出合理請求，同時也表示尊重。

結語

最過不去的那道坎，常常是自己

抱著善意去敲門，開門迎接你的也會是善意。

應對PUA、走出PUA的關鍵不在別人，而在自己。你只需要走好自己的路，翻過自己的山，越過自己的河。讓自己跑起來，風就來了；自行車騎起來，就不容易倒了。

感受自己、了解自己，然後療癒自己、超越自己。

海有彼岸，路有迴轉，當你覺得苦澀難耐，要篤信接下來總有回甘。你不需要滿足任何人的期望，只需要活出自己。愛惜自己，堅信未來的一切會變得更美好，這就是一切幸福的答案。

記住，就像我一開始說的：有些溫柔，來自你的強大。

國家圖書館出版品預行編目 (CIP) 資料

反PUA生存指南：每一次說「不」，都是勇敢的練習／任康磊著.
-- 初版. -- 臺北市：遠流出版事業股份有限公司，2025.08
面；　公分

ISBN 978-626-418-286-7（平裝）

1.CST：應用心理學　2.CST：人際關係　3.CST：情感
4.CST：生活指導

177.3　　　　　　　　　　　　　　　　　　114008911

反PUA生存指南
每一次說「不」，都是勇敢的練習

作者／任康磊

資深編輯／陳嬿守
書封設計／兒日設計
版面設計／魯帆育
行銷企劃／舒意雯
出版一部總編輯暨總監／王明雪

發行人／王榮文
出版發行／遠流出版事業股份有限公司
　　　　　104005 臺北市中山北路一段11號13樓
電話／（02）2571-0297　傳真／（02）2571-0197　郵撥／0189456-1
著作權顧問／蕭雄淋律師
2025年8月1日　初版一刷

定價／新臺幣380元（缺頁或破損的書，請寄回更換）
有著作權・侵害必究 Printed in Taiwan
ISBN 978-626-418-286-7

遠流博識網 http://www.ylib.com　E-mail: ylib@ylib.com
遠流粉絲團 https://www.facebook.com/ylibfans

本作品中文繁體版透過成都天鳶文化傳播有限公司代理，經人民郵電出版社有限公司授予遠流出版事業股份有限公司獨家出版發行，非經書面同意，不得以任何形式、任意重製轉載。